国学经典有话对你说系列

朱子家训

修身齐家明德书

姜越 编著

国学经典

中国书籍出版社

图书在版编目(CIP)数据

朱子家训：修身齐家明德书 / 姜越编著.
——北京：中国书籍出版社，2019.7
ISBN 978-7-5068-7391-8

Ⅰ.①朱… Ⅱ.①姜… Ⅲ.①古汉语—启蒙读物
Ⅳ.①H194.1

中国版本图书馆CIP数据核字（2019）第156584号

朱子家训：修身齐家明德书

姜越　编著

责任编辑	王　淼
责任印制	孙马飞　马　芝
封面设计	侯　泰
出版发行	中国书籍出版社
地　　址	北京市丰台区三路居路97号（邮编：100073）
电　　话	（010）52257143（总编室）　（010）52257140（发行部）
电子邮箱	eo@chinabp.com.cn
经　　销	全国新华书店
印　　刷	北京市通州大中印刷厂
开　　本	710毫米×1000毫米　1/16
印　　张	13.25
字　　数	233千字
版　　次	2019年7月第1版　2019年7月第1次印刷
书　　号	ISBN 978-7-5068-7391-8
定　　价	49.80元

版权所有　翻印必究

前　言

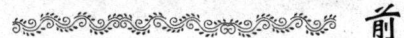

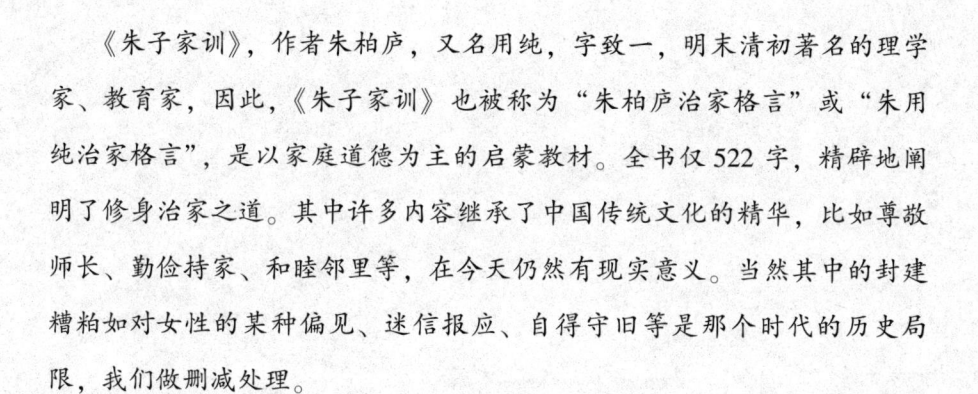

　　《朱子家训》，作者朱柏庐，又名用纯，字致一，明末清初著名的理学家、教育家，因此，《朱子家训》也被称为"朱柏庐治家格言"或"朱用纯治家格言"，是以家庭道德为主的启蒙教材。全书仅522字，精辟地阐明了修身治家之道。其中许多内容继承了中国传统文化的精华，比如尊敬师长、勤俭持家、和睦邻里等，在今天仍然有现实意义。当然其中的封建糟粕如对女性的某种偏见、迷信报应、自得守旧等是那个时代的历史局限，我们做删减处理。

　　《朱子家训》中有许多治家处世的质朴哲理和有益启示，将中国几千年来形成的道德教育思想，以名言警句的形式表达出来，语言深刻、精辟、发人深思，故在民间广为流传并为官宦之家以及书香门第所津津乐道，被誉为"治家之经"，清至民国年间《朱子家训》一度成为儿童启蒙的必读课本之一。

　　《朱子家训》是劝勤、勉学、励志、诲戒、修身乃至明德的一篇家训，篇幅短小，字字珠玑，虽义理宏深，但读来浅易，更切实用，也愈见朱柏庐夫子道德学问之深厚。我辈感念朱夫子垂诫训示之恩德，以至诚心读诵受持此文，必将于敦伦尽分中，实现家和人乐，乃至国清宇宁，社会和谐。

要进一步保存和传袭我们的民族精神,就要从儿童抓起,即用传统文化中的精髓来熏陶孩子们,使他们在成长中不知不觉就形成良好的道德修养和文化素养,同时使他们的行为也得以规范。我们主张让儿童多读、多背经典,在读经诵典中,获得教益。也基于此目的,我们在充分参考不同的版本后,对经、史、子、集中的精华部分重新进行了校对与勘订,并配有白话译文。此外,为了增加读者对著名历史故事的了解,我们在此书中增加了典故,使读者在诵读经典之余能读到一个个有趣的故事。

目 录

上篇 《朱子家训》智慧直播

第一章 起居有常，既昏便息

年轻人大多志向远大，都想做大事，这是好事，正如诸葛亮所言："志存高远！"年轻人理当如此。然而，就是因为志向远大，所以相当一部分年轻人不想做小事，也不想做好小事，认为小事不值得自己投入太多的精力，可偏偏大事又做不来，更做不好！

起居有常，勤劳慎重 ································· 4

既昏便息，关锁门户 ································· 7

一粥一饭，当思来处不易 ····························· 8

宜未雨绸缪，毋临渴掘井 ····························· 11

第二章 做事有度，思之无邪

待人、处事、接物，用心一定要清楚。为什么"君子之交淡如水"？因为君子交往用理智，理智的心是平静的，而不是躁动的。它是一种互相仰慕德行学问的往来，所以相互交往不生烦恼。

生活朴实，做事有度 …………………………… 16
器具质而洁，瓦缶胜金玉 ……………………… 19
勿营华屋，勿谋良田 …………………………… 21

第三章 质朴修身，育子重教

心术要好，一言一行循规蹈矩、勤俭安分、诚信无欺。教育子弟一定要本乎道义、方正行事，并且要讲究合乎正义的教育方法，也就是要有"义方"，要以德育人。

孝是德行，诵经长智 …………………………… 26
质朴修身，育子重教 …………………………… 29
贪财招祸，戒酒养身 …………………………… 35
勿贪便宜，体恤邻里 …………………………… 39

第四章　轻财重孝，善恶分明

伦常是天地之间的自然秩序，能够敦睦伦常，就能长久，关键在于人们能否放下一己之私利。放下一己私利就能成全长久之大利，那自利也就在其中了。"法肃辞严"从表象上看只是家庭中的一些礼仪规矩，其实它的背后体现的是父慈子孝，兄友弟恭，夫敬妇爱，尊老爱幼的精神实质。

亲戚和顺，家法严谨 44

轻财重孝，恩泽后世 46

嫁女娶妇，重德轻利 49

第五章　慎言慎行，不骄不躁

为人处世要堂堂正正，对人说话要有恰当的分寸，既不低声下气，也不傲慢自大，这就是不卑不亢，这就是人应有的尊严。贫穷还能快乐，富足能够懂礼，这即是心不为外物所动。一切喜怒哀乐、穷达荣辱都不影响自己的本心，这即是圣贤情怀。有了这样的情怀，自然不谄富骄贫。一般谄富骄贫的人都将钱作为衡量人的标准。

见富不谄，遇穷不傲 56

勿恃势力，毋贪口腹 58

乖僻自是，悔误必多 60

狎昵恶少，久必受其累 64

屈志老成，急则可相依 69

轻听发言，忍耐三思 72

第六章　不图回报，宽厚仁慈

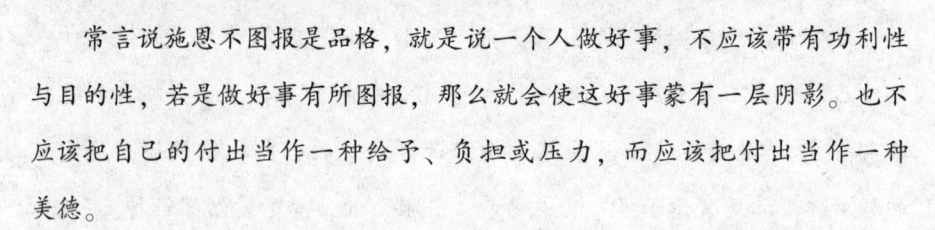

常言说施恩不图报是品格，就是说一个人做好事，不应该带有功利性与目的性，若是做好事有所图报，那么就会使这好事蒙有一层阴影。也不应该把自己的付出当作一种给予、负担或压力，而应该把付出当作一种美德。

因事相争，须平心暗想 …………………………………… 78
施惠无念，知恩报恩 …………………………………… 82

第七章　奉公守法，自得至乐

富国必要先富民，只有国民富裕，才有税收充足、需求旺盛，进而国力强劲。民富是国强的基础，民穷则是国衰之先兆。只有遵循这个顺序才能够使民众平安、价值体系安稳。

行善自知，不可作恶 …………………………………… 86
和谐融洽，奉公守法 …………………………………… 89
国课早完，自得至乐 …………………………………… 91
志在圣贤，为官利国 …………………………………… 93

下篇　《朱子家训》深度报道

第一章　成长的智慧

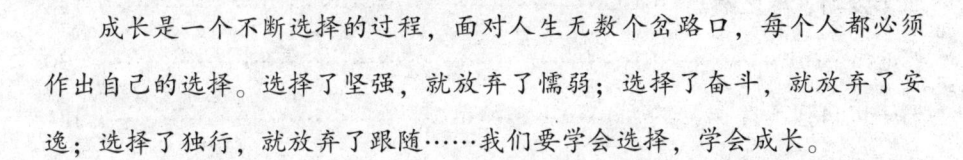

　　成长是一个不断选择的过程，面对人生无数个岔路口，每个人都必须作出自己的选择。选择了坚强，就放弃了懦弱；选择了奋斗，就放弃了安逸；选择了独行，就放弃了跟随……我们要学会选择，学会成长。

找准自己的位置 …………………………………… 100
不要轻易哭泣 ……………………………………… 101
良好习惯的重要性 ………………………………… 104
粒粒皆辛苦 ………………………………………… 105
人无远虑，必有近忧 ……………………………… 107
节俭之美 …………………………………………… 109
倡导勤俭的人生观 ………………………………… 111
唯有读书高 ………………………………………… 113

第二章　修心是一门艺术

　　修心的人就是改变命运的人。常人追求美好的东西、美味的食品、爱情……却不知道美好也会伤人。好吃的东西吃多了，以后就再也不能吃了。真理讲的是心，不能离心找身外的原因。有不染之心才能有不染之身，让自己成为命运的主人。

仁、义、礼、智、信 ……………………………… 116

仁者，爱人也	118
明之以大义	120
父慈子孝，兄友弟恭	124
幼吾幼以及人之幼	125
君子爱财，取之有道	128
修心	130
君子以自强不息	131
正视自己	133
跨出了解决问题的第一步	136

第三章　处世需要修行

人生需要智慧，拥有智慧的人凡事力求简洁，直截了当，切中要害，他们对事物有自己的独特见解，从来不会随波逐流，这是一种睿智，人生在世总是要有所追求的，不管是什么样的人，不管你生活在社会的哪个阶层，都在追求着自己的梦想，而梦想的成功离不开智慧的力量。

"好义"乃中华民族传统	140
汉文帝崇尚仁爱	141
滴水之恩，涌泉相报	143
救人一命荣华一生	144
妒忌之心不可有	146
择友的重要性	147
国家兴亡，匹夫有责	149
三思而后行	151
有一种失败叫瞎忙	153

世上无难事，只要肯登攀 ······ 155
求人不如求已 ······ 156

第四章　礼仪与诚信是生活的法宝

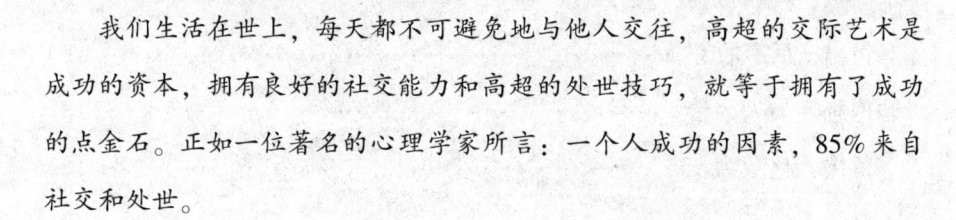

我们生活在世上，每天都不可避免地与他人交往，高超的交际艺术是成功的资本，拥有良好的社交能力和高超的处世技巧，就等于拥有了成功的点金石。正如一位著名的心理学家所言：一个人成功的因素，85%来自社交和处世。

无礼到处碰壁 ······ 160
诚信是从政的法宝 ······ 161
成就事业，孝的高层境界 ······ 163
晏子崇俭，誉载千古 ······ 164
刘邦纳谏定礼制 ······ 165
关羽封金挂印辞曹营 ······ 166
竹头木屑，有大用场 ······ 168
夸奢斗富，必遭败亡 ······ 169

第五章　时刻为他人着想

孔子把自身修养与齐家、治国、平天下联系在一起，可谓见微知著，由小及大。我们应注重修养，实践慎独，努力做一个高尚的人，一个有道德的人，一个脱离低级趣味的人，一个有益于人民的人。

慎独美德，中外崇尚 ······ 172

不受人鱼，可长吃鱼 ……………………………………………… 174
日勤三省，夜惕四知 ……………………………………………… 175
种上庄稼，消除杂草 ……………………………………………… 176
追求人生，乐于奉献 ……………………………………………… 177
不求回报，美名传扬 ……………………………………………… 179
先有付出，后有收获 ……………………………………………… 180
以德抱怨，与人为善 ……………………………………………… 181
手下留情，化敌为友 ……………………………………………… 182
给人台阶下 ………………………………………………………… 183
代人受过，百姓爱戴 ……………………………………………… 184

第六章　低调做人，高调做事

大智若愚，实乃养晦之术。这种甘为愚钝、甘当弱者的低调做人术，实际上是精于算计的隐蔽，它鼓励人们不求争先、不露真相，让自己明明白白过一生。

功成而弗居，做人大智慧 …………………………………………… 188
居功不自傲，魏绛受重用 …………………………………………… 189
周亚夫执纪如山 …………………………………………………… 191
曹操割发代首 ……………………………………………………… 192
王羲之教子 ………………………………………………………… 194

参考文献 ………………………………………………………… 195

后　　记 ………………………………………………………… 196

上篇 《朱子家训》智慧直播

第一章
起居有常，既昏便息

年轻人大多志向远大，都想做大事，这是好事，正如诸葛亮所言："志存高远！"年轻人理当如此。然而，就是因为志向远大，所以相当一部分年轻人不想做小事，也不想做好小事，认为小事不值得自己投入太多的精力，可偏偏大事又做不来，更做不好！

起居有常，勤劳慎重

◎ 我是主持人

"勤"字为人生第一要义。曾国藩一直认为：不管是居家、居官、行军，都应该要以"勤"字为根本。天道酬勤，一个人不管资质如何，只要能勤奋、坚持不懈，才智自然就会一点一滴地积累起来。

◎ 原文

黎明即起，洒扫庭除，要内外整洁。

◎ 注释

庭除：庭院。

◎ 译文

黎明的时候就要起床，清扫院落，把室内室外打扫干净整洁。

◎ 直播课堂

"黎明即起"这一句话是写起居有常，即坚持早起，养成习惯。古人讲勤俭治家，首先讲的是"勤"，落实到具体事情上就是要早起。

曾国藩《习劳而神钦》曰:"勤则寿,逸则夭,勤则有才而见用,逸则无能而见弃……。"意思是说:勤劳发奋就会健康长寿,骄奢淫逸则易患疾病过早夭折;勤奋的人因练就了才干而得到社会的重用,骄奢淫逸就会百无聊赖、庸碌无能而遭到社会的唾弃与淘汰。

曾国藩还说:"诸弟在家教子侄,总须有勤敬二字。无论治世乱世,凡一家之中能勤能敬,未有不兴,不勤不敬,未有不败者。"意思是:诸弟在家教训子侄,总须突出勤、敬二字。不论是治世还是乱世,凡一家中能勤能敬,没有不振兴的;不勤不敬,没有不衰败的。他谈到的"勤则寿,逸则夭"问题,正是他恪守一生的养生之法。他谈到的"勤则兴,逸则败"之理,也是被实践证明了的齐家治国的大道理。

"洒扫庭除,要内外整洁"。就是说要从小事做起,首先就要爱整洁,古人云:"一屋不扫,何以扫天下?"请看下面一个故事:

东汉时,有一个名人叫薛勤。有一天,他到陈蕃家做客,薛勤一边与陈蕃寒暄,一边随意走进了陈蕃的书房。室内杂乱、龌龊不堪,书扔得到处都是,墙角挂满了蜘蛛网,连空气也显得污浊。薛勤皱着眉头说:"年轻人,屋子这么乱,为何不打扫打扫呢?"

陈蕃满不在乎地回答:"大丈夫的事业要干得轰轰烈烈,哪有心思来打扫一间小小的书房呢?"薛勤想:此人年少立有大志,可连自己的书房都不打扫,怎样去扫天下?于是对他说:"年轻人,你很有大丈夫的气概,但你连书房都不打扫,又怎能去扫天下?"薛勤走后,陈蕃沉思起来,觉得他的话很有道理。

这就是我们平常所说的"一屋不扫,何以扫天下"的典故,意思是说小事都做不好,怎么能做大事。

荀子《劝学篇》曰:"不积跬步,无以至千里。"这话的意思是说千里之路,是一步一步地走出来的,没有小步的积累是不可能走完千里之途的。引申开来,就是做事要脚踏实地,一步一个脚印,不畏艰难,不怕曲折，坚韧不拔地干下去，才能最终达到目的。

凡事要从一点一滴做起，从一点一滴中可以看出一个人的品德，从一点一滴中可以体现出一个人的整体素质，从一点一滴中还可以看到一个人未来生活的模样。因此在做每一件事情时，即便是再微小也要认认真真、脚踏实地地去对待和处理。在一件小事上能做到合情合理、尽善尽美，那么在做大事的时候这种为人处世的优点，才会自然而然地体现出来，才会得到他人的认可与赏识。

只有把小事做好了，做大事才能令人满意；只有把小事管好了，管大事才能使人放心；只有怀大志而拘小节，才能成就未来。

其次，"日出而作、闻鸡起舞"也包含一个"勤"字在里面。只要时时处处勤奋、勤劳、从小事做起，脚踏实地，终究会有等量的收益或成功的。

话说晋代的祖逖是个胸怀坦荡、具有远大抱负的人。可他小时候却是个不爱读书的淘气孩子。进入青年时代，他意识到自己知识的贫乏，深感不读书无以报效国家，于是就发奋读起书来。他广泛阅读书籍，认真学习历史，从中汲取了丰富的知识，学问大有长进。他曾几次进出京都洛阳，接触过他的人都说，祖逖是个能辅佐帝王治理国家的人才。祖逖24岁的时候，曾有人推荐他去做官，他没有答应，仍然不懈地努力读书。

后来，祖逖与幼时的好友刘琨一同担任司州主簿，他与刘琨感情深厚，不仅常常同床而卧、同被而眠，而且还有着共同的远大理想：建功立业，复兴晋国，成为国家的栋梁之材。

一次，半夜里祖逖在睡梦中听到公鸡的鸣叫声，他立刻把刘琨叫醒，对他说："你听见鸡叫了吗？"刘琨说："半夜听见鸡叫不吉利。"祖逖说："我偏不这样想，咱们干脆以后听见鸡叫就起床练剑，如何？"刘琨欣然同意。于是每天鸡叫后他们便起床练剑，剑光飞舞，剑声铿锵。冬去春来，寒来暑往，从不间断。功夫不负有心人，经过长期勤奋刻苦的学习和训练，他们终于成为能文能武的全才，既能写得一手好文章，又能带兵打胜仗。后来祖逖被封为镇西将军，实现了他报效国家的愿望；刘琨做了征北中郎将，兼管并、冀、幽三州的军事，也充分发挥了他的文才武略。

既昏便息，关锁门户

◎ 我是主持人

这句话描述了恬静的田园生活。日出而作，日落而息，循阴阳之交替，享家室之伦乐。同时也告诫人们要谨防盗贼。

◎ 原文

既昏便息，关锁门户，必亲自检点。

◎ 译文

到了太阳落山的时候就休息，把门窗关好，并亲自检查。

◎ 直播课堂

古今都是一样，如果遇到盗贼进来谋财害命，是很危险的，所以门户要关锁好。换个角度讲，它也有很深的寓意，关锁门户，这个"门户"不仅是家居的门户，还有心上的门户。心不再往外去攀援，把心关起来，这是防心离过，防止自己的贪心、嗔心、慢心等种种不善的恶念起来。能够防心，就能够离过，那么自身就没有过失了。

实际上，本句话是为了更深层地突出"谨慎"二字，要亲自检点门户，这样才能做到处世"谨慎"。

"谨言慎行"不仅是一种明哲保身的生存方式，而且更是一种睿智的处世方式。若能谨言慎行，遇事常深思熟虑，这对为官者是大有好处的。以谨慎为怀，也许不是曾国藩成功的重要原因，但却是曾国藩免于失败的有力保证。

总之，小心谨慎是良药。无论处理任何事情，都要谨慎冷静对待，鲁莽行事是大忌。"谨言慎行"所体现的避免"刚则易折，柔则易弯"亦是世人一直推崇的中庸之道。

一粥一饭，当思来处不易

◎ 我是主持人

节俭，作为中华民族的传统美德，它首先体现在尊重劳动和从事劳动的人。人们吃的食物和穿的衣裳都来之不易，要通过种植者、烹饪者、纺织者的许许多多劳动才能生产出来，不能轻易浪费。

◎ 原文

一粥一饭，当思来处不易；半丝半缕，恒念物力维艰。

◎ 译文

一碗粥一碗饭，应当考虑它们是来之不易的。衣服上、布料上的半丝、半缕线，一定要想到它们也是来之不易的，其过程是很艰难的。

◎ 直播课堂

"一粥一饭，当思来处不易；半丝半缕，恒念物力维艰"这句话是我国传统的"治家格言"。

《尚书·大禹谟》曰："克勤于邦，克俭于家。"意思是在国家事业上要勤劳，在家庭生活上要节俭。克勤克俭是我国人民的传统美德。传说中的古代圣贤都是这样做的，他们对国家大事尽心尽力。大禹勤劳于治水大业，数过家门而不入。尧特别关心群众，认为别人挨饿受冻是自己的工作没有做到家，是自己的过错。古代圣贤的生活也十分节俭，经常穿着粗布衣裳，吃粗米饭，喝野菜汤。由于尧、舜、禹在事业和生活上克勤克俭，所以赢得了百姓的拥戴。

唐代诗人李绅《悯农》诗："锄禾日当午，汗滴禾下土。谁知盘中餐，粒粒皆辛苦。"意思是农夫在夏天中午的炎炎烈日下锄禾，滴滴汗珠掉在生长禾苗的土中。又有谁知道盘中的饭食，每一粒都是这样辛苦得来的呀？

有这样一个故事：

一个财主的儿子不知道稼穑之艰难，常到一个饭馆里吃饺子，但把饺子皮全吐掉，只吃肉馅。后来家里遭遇火灾，丽楼美阁一夕之间被夷为平地，他成了乞丐，要饭要到这个饭馆，老板以饺子皮招待他，他深为感

动。老板说，不用谢，这都是你当初扔掉的饺子皮，我捡起晒干了而已。财主的儿子很惭愧，后来勤奋劳动，生活节俭，家道重又殷富起来。

这个故事，也从另外一个角度印证了"谁知盘中餐，粒粒皆辛苦"的道理。

《周易·否》中曰："君子以俭德辟难。"意思是说君子用俭朴的德行来避免危难。《周易》含有朴素的辩证思想，其中有许多地方阐述事物变化的道理。这句话就有辩证的思想：一方面，阐明俭朴的德行有助于防患于未然，防止奢靡腐化等行为；另一方面，在面临危难的时候，特别是在物质匮乏的困难时期，具备俭朴的德行才有助于克服危难。《周易》的作者认为天地万物都有顺与不顺、通与不通之时，不顺不通，就要修身养德，不能过分彰显自己，以渡过难关。

《左传·庄公二十四年》曰："俭，德之共也；侈，恶之大也。"意思是说：节俭，是善行中的大德；奢侈，是邪恶中的大恶。当时鲁庄公命人在庙堂的柱子上涂红漆，在橡子上雕花纹，这都是奢侈而不合礼法的事情。大夫御孙劝谏他时说了这句话，并指出这样做实际上是在先人的"大德"中注入了"大恶"，不但不能取悦先人，反而是辱没了他们。可见，古人是从礼的规范和德的大小的高度来看待节俭，而把奢侈浪费看作一种恶行。在物质比较丰富的今天，戒奢以俭，不靡费财物，仍是值得人们崇尚的美德。

《左传·宣公十二年》曰："民生在勤，勤则不匮。"意思是指老百姓的生计在于辛勤劳作，只有勤于劳作，财物才不会匮乏。这是一句古老的格言。古人明白，只要老百姓辛勤劳动，社会安定，百姓和国家都会随之富足起来。如今，人们仍应保持"以勤为本"的美德，在各自的岗位上辛勤劳动、努力工作，生活才会更加富裕，国家才会更加富强。

宜未雨绸缪,毋临渴掘井

◎ **我是主持人**

"人无远虑,必有近忧。"这个成语告诉人们:凡事都得提前考虑,早作打算,否则忧愁马上就会来到。说得更严重一点,有时即便是一点小事没考虑周全,都会引发灾难,这并非耸人听闻。

◎ **原文**

宜未雨而绸缪,毋临渴而掘井。

◎ **注释**

未雨而绸缪:天还未下雨时,应先修补好屋舍门窗,喻凡事要预先做好准备。

◎ **译文**

应当在天还没有下雨之前,就把门窗修缮稳固,不要等到渴了才开始,来掘井。

◎ 直播课堂

绸缪，比喻事前做好准备工作，即"有备无患"。《尚书·说命》曰："惟事事，乃其有备，有备无患。"《左传·襄公十一年》曰："居安思危，思则有备，有备无患。""患"即祸患。也就是说事先有了充分的准备，就不会产生祸患。

春秋时，晋悼公当了国君，想重振晋国的威名，像他的先祖晋文公一样称霸诸侯。这时，郑国是一个小国，一会儿和晋结盟，一会儿又归顺楚国。晋悼公很生气，公元前562年，他集结了宋、鲁、卫、刘等十一国的部队出兵伐郑。郑简公兵败投降，给晋国送去了大批礼物，计有兵车一百辆，乐师数名，还有一批名贵乐器和十六个能歌善舞的女子。晋悼公很高兴，把这些礼物的一半赏赐给魏绛，说："魏绛，是你劝我跟戎、狄和好，又安定了中原各国；八年来，我们九次召集各国诸侯会盟，现在我们和各国的关系就像一曲动听的乐曲一样和谐。郑国送来这么多礼物，让我和你同享吧！"魏绛说："能和狄、戎和好相处，这是我们国家的福气，大王做了中原诸侯的盟主，这是凭您的才能，我出的力是微不足道的。不过，我希望大王在安享快乐的时候，能够多考虑一些国家的未来。《尚书》里说：'在安定的时候，要想到未来可能会发生的危险；您想到了，就会有所准备，有所准备就不会发生祸患。'我愿意用这些话来提醒大王！"

俗话说："人无远虑，必有近忧。"（出自《论语·卫灵公》）意思是说：如果你没有长远的打算，那么眼前就一定会有麻烦。这句古老的话语，充满了先人的智慧，告诫我们要未雨绸缪，不要只看眼前利益，却忘记了为之奋斗的远景期待。

三国时期，曹操出兵40万攻打东吴。东吴孙权召集文武百官研究对策，大将吕蒙建议在濡须口修筑船坞，孙权称赞道："人无远虑，必有近忧，吕蒙有远见。"于是连夜修建。等魏军到达时，船坞已修好，结果，魏军在这一战中损失惨重！

俗话说："千里之堤，溃于蚁穴"。历史上这样的教训太多了。小问题能造成大损失、大灾难。能提早做好准备，也不是每个人都能做到的，虽说每个人在做事情之前，都会在脑子里有一个计划，但有的人能看得长远，有的人却只看到眼前。这就像下棋一样，好棋手能看到之后几步的走法，而初学者只能看到眼前的一两步，这就是智者与凡夫之间的差别。

战国时期，魏文王问名医扁鹊："你家兄弟三人，都精于医术，到底哪一位最好呢？"

扁鹊回答说："长兄最佳，中兄次之，我最差。"

文王又问道："那为什么你最出名呢？"

扁鹊说："长兄治病，于病情发作之前，一般人不知道他事先能铲除病因，所以他的名气无法传出去；中兄治病，于病情初起时，一般人以为他只能治轻微的小病，所以他的名气只及本乡里；而我是治病于病情严重之时，一般人看到我下针—放血、用药，都以为我医术高明，因此名声大振。"

这个小故事实际上道出了《黄帝内经》里说的医术的三种境界："上医治未病，中医治欲病，下医治已病。""治欲病""治已病"固属不易，但最高的境界也是最难做到的莫过于"治未病"，这大概相当于防患于未然，把疾病消灭在萌芽状态。

《孙子兵法》曰："是故百战百胜，非善之善也；不战而屈人之兵，善之善者也。"意思是：百战百胜，还不算高明中最高明的，不战而使敌人屈服，才算得上是高明中最高明的！《孙子兵法》曰：这种高明的善于打仗的将领打了胜仗，既显不出智谋的名声，也看不出勇猛的武力，因为他取得胜利是无疑的。

扁鹊和孙子的话有异曲同工之妙。病情在没发生之前就已经圆满解决了，病灶被消除了，遏制了病情的发展，战争造成的人员和物质的损失是难以估量的，能避免战争造成的灾难，没发生战争就取得了胜利，这真是莫大的功劳，这就是未雨绸缪。

《新五代史·伶官传序》曰："忧劳可以兴国，逸豫可以亡身。"意思是说：忧虑操劳国事可以使国家兴盛发达，追求安逸享乐可以招致自己的灭亡。五代时的后唐庄宗李存勖，一开始励精图治，奋发有为，击败各个对手称帝。但他后来沉湎于音乐戏曲，宠爱伶人（旧指戏曲演员），不思进取，部下作乱，伶人发难，在位三年就死于兵乱之中。欧阳修在撰写《伶官传》时，有感于这段历史，抒发了"忧劳可以兴国，逸豫可以亡身"的慨叹。中国文化有着很强的忧患意识，特别是在国家动荡、民不聊生时更是如此。孔子说"人无远虑，必有近忧"，孟子讲"生于忧患而死于安乐"，就是分别从个人与国家的角度强调了保持忧患意识的重要性。即使在大唐盛世，魏徵也规劝皇帝"居安思危，戒奢以俭"，以实现国家的长治久安。

第二章
做事有度,思之无邪

待人、处事、接物,用心一定要清楚。为什么"君子之交淡如水"?因为君子交往用理智,理智的心是平静的,而不是躁动的。它是一种互相仰慕德行学问的往来,所以相互交往不生烦恼。

生活朴实，做事有度

◎ **我是主持人**

"自奉俭约"是用节俭的美德提升自己的德行，把欲望降到最低程度。古人讲欲不可纵，佛家讲得更彻底，欲必须要断，只有断欲才没有贪心，没有贪心就没有烦恼，所以要断除欲望。

◎ **原文**

自奉必须俭约，宴客切勿流连。

◎ **译文**

个人的衣食住行一定要俭朴、节约，宴请客人也不能过分，酒菜要适度，作为客人在一起吃饭切勿流连忘返、无休无止。

◎ **直播课堂**

朱柏庐没有子女，过继兄弟的儿子做嗣子，取名导诚，他一直教导导诚不要专学那些挥霍的纨绔子弟。朱柏庐曾指出：俭，一要平心忍气，二要量力举事，三要节衣缩食。他写过一首教子诗：

四儿六岁五儿三，莫与肥甘习口馋。

清白家风无我愧,诗书世泽要人担。

三餐饱饭何须酒,一箸(zhù:筷子)黄韭略用盐。

闻说有人曾饿死,算来原不为官廉。

所以,古代先贤历来提倡颜回式的消费观。"一箪(dān:古代盛饭用的圆形竹器)食,一瓢饮,在陋巷,人不堪其忧,回也不改其乐。"过度消费不仅造成浪费,而且还能够使人丧失心志,也是家庭和国家走向衰败的诱因。

北宋文学家、宰相范仲淹,他自小丧父,跟随母亲改嫁到朱家。长大之后,朱家人排挤他,他才知道自己不是朱家人,是姓范的,但是他很有骨气,就决定离开朱家,跟母亲拜别时说:"妈妈你等我十年,十年之后我考取功名,衣锦还乡,接你去奉养。"当时他找到一个破旧的书院,开始发奋苦读,过着断齑(调味用的姜、蒜或韭菜儿)划粥、闻鸡起舞的生活。什么叫"断齑划粥"?就是吃的东西很简单,每天煮一锅粥,冷凝后切成几块,一餐吃一块,把野菜腌成咸菜切成条,粥块就咸菜,这就是他的饮食。他有一个朋友见到他吃得这样俭约,看不过去,就给他送来一桌酒席,希望他改善一下生活,补充补充营养,可是过了好长一段时间又去看他的时候,发现这桌酒席原封未动。他就问范仲淹:"你难道不喜欢我送你的酒菜吗?"范仲淹说:"不是我不想吃您的饭菜,而是怕我今日吃了您的饭菜,来日就吃不下我的齑粥了。"

这就是古人的"俭以养德"。

司马光在《训俭示康》中指出:"由俭入奢易,由奢入俭难。"意思是说:从节俭变得奢侈容易,从奢侈转到节俭则是很困难的,这是司马光引述他人的话,用来训诫子孙。这句话强调要自觉保持俭朴,防止奢侈,其中含有自勉、警世之意。人人都想过好日子,这本无可厚非,但是过于奢华是不可取的,而且这种追求是永无止境的。商纣王用了双象牙筷子,他的臣子就要逃走,原因是担心纣王的贪欲一发,将不可遏止。所以,坚持节俭要有自律的能力。

三国时诸葛亮写了一篇教子家训《诫子书》，其中说："夫君子之行，静以修身，俭以养德。非淡泊无以明志，非宁静无以致远。"意思是说：君子修身养德，必须要守静，假如是羡慕荣华，那么心就静不下来，而且必须要节俭，以节俭来养自己的德行。如果生活很奢侈，那么德行是不会很高的。即使有条件可以过很好的日子，也应该节俭，以苦为师。淡泊是指生活清淡，减少外援。这样心才能够专注，能够清净，志向就明了了。念念不忘志向，修行成长就快。宁静能使人的心境致远，能够深谋远虑，能够增生智慧。这些需要在节俭宁静的生活里细细体味，逐渐得到。所以，他一再强调节俭之德，以及淡泊宁静的生活方式。

而"骄奢淫逸"的结果是一定会败家的。如上古时期，夏朝暴君夏桀，从不自奉俭约，而是骄奢之至，最终身败国亡。

据《竹书纪年》记载，夏桀不但"筑倾宫、饰瑶台、作琼室、立玉门"，而且还从各地搜寻美女，藏于后宫，日夜与宫女饮酒作乐。据说他的酒池修造得很大，可以划船，荒唐无稽之事时有发生。当时百姓民不聊生，生活极其痛苦，可以说已经陷入水深火热之中，但是夏桀根本不顾人民的疾苦，仍然寻欢作乐，自己的享受可以说是到了穷奢极欲的地步。结果商汤起义，把他推翻了，他自己也死于战乱。

器具质而洁，瓦缶胜金玉

◎ 我是主持人

节俭是富国的重要根基。"恕"作为儒家的一种伦理道德范畴，要求以仁爱之心待人。对官员来说，经常能设身处地地为百姓着想，就一定会得到百姓的拥护，这样才能治理好国家。

◎ 原文

器具质而洁，瓦缶胜金玉；饭食约而精，园蔬愈珍馐。

◎ 注释

瓦缶（fǒu）：瓦制的器具。

珍馐：珍奇精美的食品。

◎ 译文

如果使用的器具干净整洁的话，即使是以陶土制作的器具也胜似以金玉为材料制作的器具；如果饮食适口对味、少而精细的话，即使食用的是普通的蔬菜也胜似食用珍馐美味。

◎ 直播课堂

这是说家常用的器具，不求华美，只要质地坚实，清洁干净。这样，即使是瓦罐，使用起来心情一样感觉良好。家常菜肴不必贪多，只要能够饱腹，亲自动手烹调，即使是自家园地里栽种的菜蔬，一家欢欢乐乐，其心理享受也比在外面食用山珍海味要好得多。况且凡蔬菜经自己亲手种植培养，眼见其长成，又亲手收获，加上感情因素，其味格外香甜。所以，凡事亲历辛苦而成者食之弥甘，怎能不胜过珍馐之味？

史载，范仲淹青少年时，在一个寺院里读书，有一天偶然在大树下发现了一大罐白银。对于一个贫苦的书生来讲，看到这么多的钱能不动心吗？一般人会想：是不是老天大发慈悲来眷顾我，有意给我这笔钱用。但他看到之后丝毫没动心，冷静地把这坛白银原封不动地埋起来，也没告诉任何一个人，好像什么事都没发生一样，继续专心苦读，没受任何影响。真有管宁那种"见金不动"的气概。后来，他当了宰相，家乡的那个寺院的和尚来找他化缘："我们这儿出了一位宰相，这是地方的荣耀，现在我们寺院需要修复，可不可以来化点缘。"范仲淹对他说："不必来化缘，你们寺院就有，在那棵大树底下有一大罐白银，足够你们修复整个寺院。"和尚回去一挖，果然有罐白银。范仲淹早就见到了白银，但丝毫没有起贪心，这就是一代名相的风范，所以才有这么高的德行、这么高的地位和这么大的成就！

《宋史·范纯仁列传》说："惟俭可以助廉，惟恕可以成德。"意思是说：只有节俭可以使人廉洁奉公，只有宽容可以使人养成好的品德。其实，"俭"和"恕"是中国古代政治家常用的两个概念，因为古代社会生产力不发达，粮食产量低，几年的丰收才有一年的积蓄，所以特别要注意节俭。对于官员而言贪污受贿不廉洁，往往是因为贪得无厌、迷恋奢侈生活，而俭朴的德行有助于抑制这种欲望。

勿营华屋，勿谋良田

◎ 我是主持人

传家不要用财富，也不要刻意去追求财富，因为容易偏到"利"一边，而轻忽了"德"和"义"。

◎ 原文

勿营华屋，勿谋良田。

◎ 译文

不要盖奢华的房屋，不要谋取肥沃的田地。

◎ 直播课堂

古人不热衷于营造豪华住宅。"勿营华屋，勿谋良田"，这是对古人智慧的总结，因为在这之前有过许多关于房子和土地的著名故事。其中一个是郭子仪修汾阳王府的故事。

据元末明初学者陶宗仪所编纂的笔记《说郛·谈宾录》记载，唐朝中兴重臣郭子仪在奉旨兴建汾阳王府时，曾拄着拐杖到工地视察，顺口吩咐一位砌墙工匠，墙基要建得坚固一些。这位工匠回答说，请王爷放心，我家祖孙三代在长安，都是做泥水匠的，不知盖了多少府第，可是只见过房屋换主人，还未见过哪栋房屋倒塌了的。工匠的无心之语，使郭子仪领悟到了人世变幻无常的道理，从此再也没到过工地。

《论语》曰："子欲居九夷。或曰：'陋，如之何？'子曰：'君子居之，何陋之有？'"有一次孔子要到九夷这个地方去居住。有人说，这个地方很简陋，怎么能够居住？孔子却说："君子居之，何陋之有？"意思是说，君子到哪个地方去居住，凭着他的德行、学问，能够乐于其中，随遇而安，而且还能够教化那里的百姓，所以君子所居之处就没有简陋。

"六尺巷"的故事也表达了同样的智慧。

据《桐城县志》记载：清代康熙年间，文华殿大学士兼礼部尚书张英老家的人与邻居吴家在宅基地的问题上发生了争执，两家大院都是祖上的产业，时间久远了，本来就是一笔糊涂账。为此，"公说公有理，婆说婆有理"，谁也不肯相让一丝一毫。于是，两家争执顿起。由于牵涉宰相大人，官府和旁人都不愿惹是非，纠纷越闹越大，老夫人只好把这件事告诉张英，于是飞书京城，让张英出面"摆平"此事。

张英大人阅过来信，只是释然一笑，旁边的人面面相觑，莫名其妙。只见张大人挥笔写了一首诗，诗曰："一纸书来只为墙（千里修书只为墙），让他三尺又何妨；万里长城今犹在，不见当年秦始皇。"交给来人，命快速带回老家。老夫人一见书信回来，喜不自禁，以为张英一定有强硬的办法或者什么锦囊妙计，但老夫人看到的却是一首打油诗。最后全家一合计，确实也只有"让"这唯一的办法，宅基地虽然是很可贵的家产，但争之不来倒不如让他三尺看看。于是，立即叫人将垣墙拆让三尺，大家交口称赞张英和他家人的旷达态度。宰相一家的忍让感动了邻居，于是邻居也让出了三尺。两家人的争端很快平息了，同时空出了一条巷子，于是两家的院墙之间出现了一条可以自由通行的六尺宽巷子。

至于说到"勿谋良田"，当数孙叔敖的教子遗训了。

春秋时期楚国令尹（相当于宰相）孙叔敖临死时告诫儿子："我活着没有接受楚王的封地，死后楚王必定封你城邑，到时候，你一定不要接受别人都争着要的城邑。在楚越边界有个叫寝丘的地方，低洼瘠薄，城市的名字也不吉利，历来没有人争，你只管要它，能保你衣食饱暖且常保不失。"孙叔敖为相清正廉洁，不蓄余财，死后几年，儿子穷愁潦倒，只好上山砍柴为生。孙叔敖的好友优孟得知后，上朝提醒楚王，楚王立即下令给孙叔敖的儿子重赏封地。孙叔敖的儿子按其父嘱，不要肥缺城邑，只求贫瘠的寝丘。楚王封给孙叔敖的儿子四百户赋税，还夸奖贤者之后有贤风。按楚国规定，功臣的封地经过两代，别的人被封时就收回国有。由于寝丘是人们不屑一顾之地，所以孙叔敖的子孙在那里一直传了十几代。孙叔敖不以俗念争肥缺而得长利，后人称之为"短智佐君王，长智利子孙"。

宋代宰相司马光在《家训》中说："积金以遗子孙，子孙未必能守。积书以遗子孙，子孙未必能读。不如积阴德于冥冥之中，以为子孙长久之计"，这才是真有智慧。意思是说把华屋良田留给子孙，他们未必能守得住；把书留给子孙，他们也未必能读。不如实实在在地布施行善，广积阴德，给子孙留下长久的庇荫。这句话，就是教人不要奢侈。古人教人要重德而轻财。即使没有华屋良田，过着很简单的生活，但是自己的精神世界却很充实。因此，"勿营华屋，勿谋良田"是古代智者告诉人们的生存智慧。

第三章
质朴修身，育子重教

　　心术要好，一言一行循规蹈矩、勤俭安分、诚信无欺。教育子弟一定要本乎道义、方正行事，并且要讲究合乎正义的教育方法，也就是要有"义方"，要以德育人。

孝是德行，诵经长智

◎ **我是主持人**

纵观五千年的历史，中华文明一直绵延而没有间断过，虽然原因很多，但其中一条便是不忘对祖先的恭敬。对祖先的恭敬是对血缘的认同，是民族的凝聚力。

◎ **原文**

祖宗虽远，祭祀不可不诚；子孙虽愚，经书不可不诵。

◎ **译文**

祖宗虽然离我们已年代久远，但是祭祀的事情不可不诚心。子孙即使愚钝，经书也不可不读。

◎ **直播课堂**

古人对"祭祀"非常地看重，这是对祖先的一种恭敬心。唐玄宗曾讲"斋戒沐浴，明发不寐"。"斋戒沐浴"是指在祭祀之时提前三天就要斋戒沐浴，夫妻之间不能够同房，这三天都要过着清净的生活，身体清净心里才能够清净。所以斋戒是戒自己的身心行为，帮助自己得到清净；沐浴是洗干净自己的身体。古人大多没有条件天天洗澡，史书上记载，一个月（三十天）洗澡三次。一般十天洗一次，从初一到初十，这是第一个十天，叫作上浣；第二个十天叫中浣，第三个十天叫下浣，上中下这三旬，只洗三次澡。当然在沐浴的同时也要换洗衣服，而在祭祀的时候必定也要沐浴。所以，平时不是沐浴的日子，但为了祭祀也要沐浴，这都在表示恭敬。"明发不寐"是讲祭祀之前，从晚上一直到第二天早上都不睡觉，这是要保持自己的那种清净恭敬的心情，因为人一睡觉难免就会怠慢，就会放逸。古人为了祭祀，做出这一系列的行为是表示对祖宗的恭敬。这种恭敬完全出自于赤诚的孝心，父母在世的时候，以这种赤诚的孝心对待父母；父母去世以后，这种赤诚的孝心仍然不改变，像周文王对他的父亲一样，所谓"事死者，如事生"。所以文王有这样的圣德，使周朝基业能够绵延八百载而不衰。

祭祀就是讲孝道。孝是德之本，也是仁之本。《论语》曰："孝悌也者，其为仁之本与。"这个仁有两个说法，一个是仁爱的仁，仁孝，孝是仁之本；一个是做人的人（"仁"通"人"），做人的根本就是孝悌；两个说法都很好。没有孝悌这个根本，就好像树木没了根，很快就枯萎了；还像是水没了源头，很快也就枯竭了。所以祭祀是养自己的仁厚之心。

子曰："孝子之事亲也，居则致其敬，养则致其乐，病则致其忧，丧则致其哀，祭则致其严，五者备矣，然后能事亲。"意思是说：大凡有孝心的子女，要孝敬他的父母。第一，要在平居无事的时候当尽其敬谨之心，使父母冬温夏凉，昏定晨省，衣食起居，多方面注意；第二，对父母要在奉养的时候尽其和乐之心，在父母面前一定要和颜悦色，笑容承欢，而不应使父母感到有些不安；第三，父母有病时要尽忧虑之情，急请名医诊治，亲奉汤药，早晚服侍，父母的疾病一日不愈，即一日不能安心；第四，万一父母不幸病故，就要在临终时谨慎小心，思考父母身上所需要的，备办一切，不但穿的、盖的和棺材等物要尽力配备，还要悲痛哭泣，极尽哀戚之情；第五，对于父母去世以后的祭祀要极尽思慕之心，庄严肃静地祭奠，如在其左右的恭敬。以上五项孝道，行的时候必定出于至诚。不然，徒具形式就失去孝道的意义了。

"子孙虽愚，经书不可不读"。意在告诫人们：也许在你的眼中觉得自己的子孙非常愚笨，但是作为他们的长辈你不能不要求他们去仔细品读儒家的经典著作。这是做人的基本准则，也是育人的基本要求。

在汉武帝时，儒家经典就开始在中国确立，从汉武帝到北宋，朝廷认定的儒家经典共有十三部，称为儒家十三经。而在民间通行、影响最大的则是"四书五经"。四书是《论语》《孟子》《大学》《中庸》，为宋朝大儒朱熹编定。五经是《诗经》《书经》《礼经》《易经》《春秋》，为孔子修订。"四书五经"几乎是历代中国人的必读经典，承载着中华民族的宇宙观、世界观、人生观、价值观，决定着中国人的思维方式、行为准则、处世态度、立身标准，甚至风俗习惯。读这些经典，能让人明白宇宙人生的道理，寻到通向人生光明的道路，开启除迷去惑的智慧。正如佛家所云："深入经藏，智慧如海"，深入到经典中去学习钻研，可以收获到如海的智慧。

"书"是指儒家经典以外的子、史、百家诗文、小说等。读经典可以涵养人格品质，形成基本的价值观，提高人的思想境界，而读其他各种书籍，则是为了丰富人的知识学问，增长见闻，陶冶情操。读经是生长树干，读书是生长枝叶；读经是构建框架，读书是充实血肉，二者都是必要的。只读经的人容易板正，只读书的人容易枝蔓，故而二者要结合着读。儿童如同一张白纸，这时候学习的东西将会铭刻在心。给青少年读的书，内容的好坏非常重要，好的内容能让青少年的精神得到滋养，不好的内容能让青少年的精神受到污染。

推广到现在就是子女虽然先天的条件各异，但是作为父母仍然要让他们在可能的条件下接受好的教育。

曾国藩对儿子的教育是下了工夫的，他曾一再表示"不愿子孙为大官，但愿为读书明理之君子"。为了儿子读书明理，他规定儿子每天必须做四件事：看、读、写、作。就是每天"看、读"不少于五页纸以上，"写"不少于百字，"作"要逢三逢八日作一文一诗。尽管父子间经常相隔千里之遥，但是他总是抓紧一切空隙不厌其详地写信回家，细心指点。曾国藩的这种指点，很少摆出老子的架子，而是像朋友那样推心置腹，像老师那样循循善诱。他常用自己的得失启迪儿子，还要求儿子不要光学中国的经、史、子、集，天文算学，还要学外国知识，尽可能掌握更多的知识。

正是在其父亲的引导下，曾纪泽不但诗文书画均有造诣，对西方的数学、物理、化学及语言文学，也产生了强烈的兴趣，还曾写过《几何原本序》《文法举稿序》《西学述略序》等文章，对传播西方科学起过一定的作用。他还自学了多国文字，通晓英文，后来成为清朝著名的外交家，担任过出使英、法、德、俄四国的钦差大臣。

质朴修身，育子重教

◎ 我是主持人

"居身务期质朴"区别于"自奉必须俭约"，它是指"持身"而言，即自己的一举一动，为人处世要朴实，不矫饰，要发自内心地真诚善良地待人。

◎ 原文

居身务期质朴，教子要有义方。

◎ 译文

平常做人修身一定要品质淳朴、简约，教育子孙一定要以德育为重，并注重教育方法。

◎ 直播课堂

孔子非常憎恶能说会道的人，他看重做实事（即质朴），而非巧言善辩。"君子欲讷于言而敏于行"，可以说，孔子的这个观点和他自己不善言辞也有关系，他的弟子官至季氏家臣而他只能挂个闲差，和他不会巧言善辩，无法与其他能言者竞争有很大关系。一方面孔子在出仕上是失败的，另一方面他又不甘与这些人为伍，所以他经常批评那些只会文饰辞藻的人，说他们大多数只关注外表，不注重自己的内在，很少具备真正的贤能。而一个质朴的人绝不会巧言善辩。孔子又说："刚、毅、木、讷，近仁"。意思是说一个人有刚健、坚毅、朴实、诚厚的品德，就接近于仁者了。

中国人对人的评价标准自古看重老实、厚道。因为老实、厚道是和诚信挂钩的。"诚"是宇宙的本质，大千世界万事万物，没有一种生命过程不是真实的。就像人的生命，从出生到辞世，每一秒都是真实地在代谢、在运动，如果哪一秒不代谢、不运动了，人就会生病或死亡。人效法天道就应有真实不虚的品格，而朴实是诚的基本要义。质朴更接近自然，凡非天然的而是人为的就叫伪，所以质朴有一种天然之美。从人的感受来讲，质朴的人给人以安全可靠、值得信任的感觉。要做到质朴，必须力戒浮华虚伪，生活上不奢侈，与人相交诚信不欺也就是质朴了。

儒家认为自省是"修身之本"，是"中兴之本"。儒家讲求"内圣外王"，其思想内涵之一是指自身的修养（"内圣"）是完成治理国家的任务（"外王"）的前提，只有具备了良好的自身修养，才能完成治理国家的任务。在"格物""致知""诚意""正心""修身""齐家""治国""平天下"这八条当中，修身被看作是头等大事。而修身之本则是"自反"即自省。比如，"自反者，修身之本也。本得，则用无不利。""以反求诸己为要法，以言人不善为至戒。"自省是修身的根本，修身的问题解决了，其他的具体问题就都好解决了。自省、慎独是修身的唯一途径，除此之外，别无他途。"独之外别无本体，慎独之外别无功夫"，曾国藩也说过："动心忍性，斯大任之基，侧身修行，乃中兴之本。自古成大兴者，未有不自困心横虑，觉悟知非而来者也，有二语曰：'无好快意之事，常存省过之心'。"曾国藩认为，自古以来成大事者，其修身未有不重自省、自律者，这已成为儒家的基本观念之一。

韩愈认为古之君子的美德在于善于自责，就是要求自己严格而全面，对待别人宽容而简约，即严于律己，宽以待人。君子们自省的标准很高，也就无暇去责人；而现在有些人则恰恰相反，对别人过于苛刻，对自己则要求甚少，这样，自己就丧失了上进的动力，别人也失去了"为善"的信心。

元代的许衡说："责得人深者必自恕，责得己深者必薄责于人，盖亦不暇责人也。自责以至于圣贤地面，何暇有工夫责人。"善于自省、自责的行为是美德，不善于自省、自责而惯于责怪别人则是不好的品行；善于自省、自责的人可以成全别人的仁善之举。相反，不善于自省、自责的人则会发展自己的不良习气。所以，教育子孙一定要以德育为重，并注重教育方法。

孟子从其"性善论"出发，提出了教育目标是"人皆可以为尧舜"。

孟子强调智力的平等性，从"生知""良知"出发，要达到"人皆可以为尧舜"的培养目标。他认为，圣人之所以能成为圣人，取决于他们积极向善的主观愿望。只有经过思考、反省，人才能找到自己内心固有的善性，而不用心思考就得不到。

在荀子看来，教育的目的是培养由士到圣人的各种治术人才，他要求教育培养出能推行礼法的"贤能之士"，或者说是具有儒家学者身份且长于治国理政的各级官僚，这是对孔子"学而优则仕"思想的继承。在教育内容方面，荀子重视《诗》《书》《礼》《乐》《春秋》等儒家经籍的传授。而诸经之中，荀子尤重《礼》《乐》。他认为礼是自然与社会的最高法则，所以说："学至乎《礼》而止矣。"他曾写《乐论》一文，认为乐是表现情感的重要方式，"乐者，乐也，人情之所以不免也，故人不能无乐"。乐的教育作用很大，"声乐之入人也深，其化人也速"。他认为礼可使上下有别，乐可使上下和谐，礼乐并施就能"移风易俗，天下皆宁，善美相乐"。

"因材施教"这一术语是宋代朱熹在总结孔子的教学方法时提出来的。孔子一生从事教育事业，成功地把因材施教的方法运用于教学实践。

在《论语》中，孔子因材施教的事例很多。如子路问："闻斯行诸（听到了就该去做吗）？"子曰："有父兄在，如之何其闻斯行之（家有父兄在，怎么能一听到了就去做呢）？"冉有问："闻斯行诸（听到了就该去做吗）？"子曰："闻斯行之（听到就该去做）。"孔子的弟子公西华很不理解，就问孔子，孔子说：冉有畏缩不前，故鼓励他前进；子路好胜过人，故抑而退之。

颜渊、仲弓、司马牛和樊迟都向孔子问仁，孔子作了不同的回答，请看下面一段对话。

颜渊问仁，子曰："克己复礼为仁，一日克己复礼，天下归仁焉……非礼勿视，非礼勿听，非礼勿言，非礼勿动。"

仲弓问仁，子曰："出门如见大宾，使民如承大祭。己所不欲，勿施于人。在邦无怨，在家无怨。"

司马牛问仁，子曰："仁者，其言也讱（rèn：言语迟滞，话不轻易说出）。"

樊迟问仁，子曰："居处恭，执事敬，与人忠。"

孔子之所以能做到因材施教，是因为他经常分析每个学生的特点，对每一位学生的才能特点、性格特征都心里有数。如"由也果"（仲由做事果断）、"赐也达"（端木赐通达事理）、"求也艺"（冉求多才多艺）、"予不仁"（宰予不仁孝）、"柴也愚"（高柴愚笨）、"参也鲁"（曾参反应迟钝）、"师也辟"（颛孙偏激）、"由也喭"（仲由鲁莽，"喭"通"谚"）等。

对于为政之道，也因时间、地点、环境的不同而施教。比如，子路问政。子曰："先之劳之。"请益。曰："无倦。"

仲弓为季氏宰，问政。子曰："先有司，赦小过，举贤才。"

叶公问政。子曰："近者说，远者来。"

子夏为莒父宰，问政。子曰："无欲速，无见小利。欲速则不达，见小利则大事不成。"

孔子的学生之所以各有所长，也正是他因材施教的结果。

《三字经》曰："窦燕山，有义方，教五子，名俱扬。"这是教子有义方的例子。五代时的窦禹钧是燕山人，后来用地名来称他为"窦燕山"，是对他的尊敬。他年轻时没学好，也是因为德行不够，所以到了三十开外还没有儿女。古人讲"不孝有三，无后为大"，三十开外还无子，就是不孝了。有一次他做梦梦见他的祖父对他说："你不但无子，而且不寿。"为什么？过去没造好因。所以祖父托梦给他："你要赶紧修德行善，回转天意。"然后他突然惊醒，从那以后开始断恶修善，不断改过自新，力行善事。他遇到谁需要帮助便立即去帮忙，看到人有需要立即解囊相助。而自己家里则很简朴，居身质朴的他做到了祖父的托梦，家人都不戴有金玉的首饰，不穿华美的衣服，把这些钱省下来去布施。他建书院，购置了数千卷的书，还请了教书先生为四方孤寒之士讲学，教授课程。

　　不久之后窦禹钧连生五子，而且这五个儿子都是聪明俊秀，都有很好的功名，都有伟业。后来又梦到祖父告诉他说："你这几年来功德浩大，名挂天曹，延寿三纪（一纪是12年，三纪就是36年），而且五子都荣显，你要继续努力，不要退惰。"果然他生的五个儿子，大儿子当上了礼部尚书。过去讲"建国君民，教学为先"，最重要的是教育，所以礼部尚书，位置很高。次子是礼部侍郎（相当于现在副部长级），三子、四子、五子，都当高官，而且有了八个孙子，都是显贵。而窦禹钧本人活到了82岁，最后无病谈笑而逝，自在往生！

　　所以，《三字经》曰："玉不琢，不成器。人不学，不知义。"如果玉不琢磨，就不能翻成器物，如果人不学习，也就不会懂得道理。然而玉做的东西，它有永恒不变的特性，即使不琢磨制作成器物，它的特性不会受到损伤。而人的本性，受到外界事物的影响就会发生变化。因此，人们如果不学习，就要失去君子的高尚品德从而变成品行低劣的人，这难道不值得深思吗？

贪财招祸，戒酒养身

◎ **我是主持人**

　　人们常说："君子爱财，取之有道。"什么"道"？合法之道。说到底就是仁义之道——仁道。仁道是安身立命的基础，生活的原则。所以，无论是富贵还是贫贱，无论是仓促之间还是颠沛流离之时，都绝不能违背这个基础和原则。

◎ **原文**

　　勿贪意外之财，勿饮过量之酒。

◎ **译文**

　　不要贪图意外得来的财富，不要喝过量的酒。

◎ **直播课堂**

　　意外之财和过量之酒都是招灾惹祸的根源，不能不遏制自己的不正当欲望。

　　子曰："富与贵，是人之所欲也，不以其道得之，不处也；贫与贱，是人之所恶也，不以其道得之，不去也。君子去仁，恶乎成名？君子无终食之间违仁，造次必于是，颠沛必于是。"意思是说：有钱有地位，这是人人都向往的，但如果不是用"仁道"的方式得来，君子是不接受的；贫穷低贱，这是人人都厌恶的，但如果不是用仁道的方式摆脱，君子是不摆脱的。君子一旦离开了仁道，还怎么成就好名声呢？所以，君子无论任何时候，哪怕是在吃完一顿饭的短暂时间里也不离开仁道，仓促匆忙的时候是这样，颠沛流离的时候也是这样。

孔子不像后世的腐儒那样主张"存天理灭人欲"，他不否认人的欲望。他认为喜爱富贵，厌恶贫贱，是人们的正常欲望，不反对人们为争取富贵和摆脱贫贱而努力。他强调的是人们要用正当的手段和途径来满足自己的欲望，这种正当的途径就是仁道。遵循仁道实现富贵，无疑是最好的结果了。仁是一个人的立身之本，富贵毕竟是身外之物，仁应该是第一位的。当仁与富贵二者不可兼得的时候，君子应该舍富贵而取仁道。否则，就不配称为君子了。君子的可贵之处就在于坚守仁义道德，任何情况下都不违背它。

君子爱官同样取之有道。司马光在《资治通鉴》中记载这样一个故事：

在汉朝，有一位官员叫杨震，他做东莱太守的时候，提拔了一位读书人王密做县令，这个读书人就很感恩杨震。有一天晚上，王密带了十斤黄金来感谢杨震，杨震就很不高兴，对他说："你怎么不知道老朋友的心？"因为杨震为人是非常清廉的，绝不贪意外之财。王密就跟他讲："深夜里又没人知道，你就收下吧。"杨震就说："天知，地知，你知，我知，哪能说没人知道？"王密听了之后，很惭愧，就把黄金带回去了。这就是历史上著名的"杨震四知"，后来杨震调任涿郡太守。他为人奉公廉洁，子孙常常吃素菜，出门步行。老朋友中有人想让他为子孙置办产业，杨震不肯，说："让后代人说他们是清官的子孙，把这个'荣誉'留给他们，不也是很丰厚的吗？"

所以，有仁德的人，以优秀的政绩换来社会的认可，以出色的才干获取领导的信任，以优质的服务赢得人民的支持，以高尚的人格取得同僚的尊敬，他们得到升迁是理所当然的。杨震这种"公正廉洁"的德行，成为后世传颂的一个典范。君子坚守道德，追求卓越，最终会给自己带来好名声的。

《弟子规》里的劝酒名句："年方少，勿饮酒，饮酒醉，最为丑。"意思是说：年纪轻轻莫贪杯，饮酒误事且伤身，畅饮至醉图快活，丑态毕露使人蒙羞。

相传，远古的时候，仪狄是大禹的臣属，他跟随大禹多年，对大禹的衣食住行侍奉得非常周到。大禹最欣赏的是仪狄能酿出味道独特的美酒，他经常在客人面前赞扬仪狄是如何的能干，特别是他能酿出芬芳扑鼻的美酒之技艺。一次，大禹的寿辰就要到了，文武百官让仪狄多酿些好酒，来庆贺禹王的寿辰。转眼间，大喜的日子到了，嘉宾云集，大家都非常高兴，不停地给大禹敬酒，并说了很多吉祥和祝福的话。大禹也在兴头上，接连不断地痛饮美酒，不知不觉就醉了。这一醉就是两天两夜，当大禹清醒过来后，就找借口让仪狄离开了。他开始认为仪狄酿酒有利也有弊。由于人们喜嗜美酒，这样长期下去，因喝酒就会贻误天下的大事。

仪狄离开大禹之后，并没有走远，他到"有鬲（gé，地名，在今山东平原县西北）国，兖州地"安下了家，这里水质清冽甘甜，对他酿造美酒很有帮助。从此，仪狄就以酿酒为生，虽然来喝酒的人很多，但是，仪狄对每一位酒客最多只卖三碗。他说再好的酒也不能多喝啊，喝多了，是要误大事的呀！

大禹的子孙没有传几代就因为好玩乐被篡位了。然后五个兄弟就作了"五子之歌"，其中有一首就讲，我们的皇祖，我们的祖先大禹曾训诫过："内作色荒，外作禽荒，甘酒嗜音，峻宇雕墙，有一于此，未或不亡。"内作色荒是指在宫廷里面好色；外作禽荒是指在外面喜欢打猎；甘酒是指喜

欢美酒；嗜音是指喜欢靡靡之音；峻宇雕墙是指很奢侈的宫殿，这五条不要说全犯，即使只有一条，没有不亡国的。所以，古人确实谨慎，眼光非常敏锐，见微知著。

邴原，字根矩，北海朱虚（今山东临朐东）人。他是东汉末年与郑玄齐名的著名学者、教育家。在历史上，邴原以品性高洁、志向宏伟著称。邴原11岁丧父，家境贫寒，但他学习十分用功，很快就成为同学中的佼佼者。同学们都认为邴原特别聪明，可邴原心里十分明白，是远大的志向在激励自己，要勤奋苦读使自己获得渊博的学问。为了开阔眼界，邴原决定出门拜师游学。到陈留，他诚恳地拜韩卓（字子助）为师；到颍川，虚心地向陈实（字仲弓）请教，并忠实地继承了陈实学问的精华；在汝南，他和当时有名的学者范滂（字盏博）结下了深厚的友谊，经常得到范滂的教诲；在涿郡，他和卢植（字子干）在一起商讨学问，受到不少启发和教益。在外游学时，邴原很喜欢喝酒，常常通宵达旦地和挚友高谈阔论，和名师一起谈诗论道。俗话说"酒逢知己千杯少"，但是，邴原想到喝酒会荒废学业，游学之后，他就毅然下定决心戒酒。每逢有人劝酒，邴原都是只望一眼酒杯，然后含笑摇手，表示自己不会饮酒，其实邴原是为了不荒废学业才克制自己滴酒不沾的。学成回乡后，邴原广收门徒，为了尽心教学，他仍是酒不沾唇。在邴原耐心地教诲下，门徒中有几十人学得非常精深，成为当时有名的学者。虽说"江山易改，本性难移"，可是邴原为了专心致志攻读，坚决改变自己爱喝酒的嗜好，这种毅力令人钦佩。

在东晋后期的北朝时，北方十六国中有一个国王是前秦厉王苻生。这个人也是嗜酒到了不可思议的状态，昼夜都在饮酒。饮酒必然乱性，甚至会发疯，所以他常常乘着醉意，横行霸道，杀人无数，朝野上下对他没有不害怕的。当时苻坚起兵讨伐他，把他抓住的时候，苻生还在酩酊大醉当中没有醒过来，后来被兵士杀掉，苻坚就建立了政权。苻生死的时候只有23岁，他饮酒过量的下场就是家破人亡。

以上事例清楚地告诉人们：若沉迷美酒就会丧家亡国，所以，一定要少饮或不饮酒。

勿贪便宜，体恤邻里

◎ 我是主持人

孔子说："仁者，爱人也。"仁的根本就是要关爱他人，爱人从哪里做起？从同情体恤他人做起。孟子说："恻隐之心，仁之端也"。恻隐心是仁爱的发端，恻隐心就是同情心。同情心正是善心的体现。

◎ 原文

与肩挑贸易，毋占便宜；见穷苦亲邻，须加温恤。

◎ 译文

与那些挑着扁担做小生意的人做买卖，不要占人家的便宜；见到贫苦的亲戚或者邻里，要多加体恤安抚。

◎ 直播课堂

"肩挑贸易"是指挑着担子做生意的人，这里代指小生意人。"与肩挑贸易，毋占便宜"这句话的意思是说：跟做小生意的人做交易，不要占他们的便宜。为什么？因为这些做小生意的商贩，他们生活不容易，靠着自己的辛苦劳动挣得这么一点点钱，应该同情他们的处境，不要跟他们斤斤计较，这是一种仁厚之心。"温"当同情讲，"恤"当怜悯、体恤讲。"见穷苦亲邻，须加温恤"这句话的意思是说：看见穷苦的亲戚邻居应当主动关心他们，特别是给他们金钱上、体力上的援助。要体会这段话的深意，就要认真解读儒家的仁爱思想。"仁"字是由"二"和"人"组成，就是说一个人心中要随时想着他人，不能只顾自己。把同情心推广开来，达到极致，就是圣贤的情怀了。

《弟子规》曰："凡取与，贵分晓，与宜多，取宜少。"意思是说：拿别人的东西和给别人的东西，轻重要分清楚，给人家的东西多一点，拿人家的东西要少一点，这就是人情来往的道理。

春秋时期晋国的大臣赵盾，由于他经常指责国君的过失，被国君视为眼中钉。有一次，国君假意请赵盾喝酒，却在酒宴上埋伏了杀手，眼看赵盾要被杀时，一名武士救了他。后来，赵盾问那个人为什么要拼死相救，这位武士说："当年，我饿得要死了，是您送给了我一筐饭食，并且还送东西俸养我的母亲，这个恩德我怎能忘呢？"原来，这个武士是当年赵盾救济过的一个乞丐。

老子《道德经》曰："上德无德，是以有德。"佛家对于布施的境界，也有"三轮体空"的说法。曾有一位老婆婆对韩信有布施的行为，但心中却没有布施的概念，于人有德，却不求回报，这才是真正有道德修为的人。若功利心过于明显，就相形见绌了。这就引出另外一个故事：

韩信少年时家境贫穷，父母双亡后，他变得游手好闲，四处游荡，经常饥寒交迫。为了填饱肚子，他常常到淮阴城下的河边去钓鱼。河边有几个老婆婆常在那里洗衣服。日子久了，其中一个老婆婆看韩信落魄无奈忍饥挨饿，很同情他。一次她把带来的午饭分给韩信吃，韩信饥不择食，狼吞虎咽地吃了下去。此后，那个老婆婆每次都分给韩信一些东西吃。一次，韩信吃过饭后，向老婆婆深深施了一礼，激动地说："承老大娘这般厚待，我永生难忘，将来我得了志，会报答您老人家的！"老婆婆听了责怪韩信说："男子汉大丈夫说这种话干什么！我看你相貌堂堂，好一个王孙公子，不忍你挨饿，才给你吃点饭，哪里想到要你报答！"说罢，拿了洗好的衣服离去。望着老婆婆的背影，韩信暗下决心，有朝一日发迹了，一定要实现今天的诺言，重重报答这位老人家。

后来，韩信替汉王立了不少功劳，被封为楚王，他想起从前曾受过洗衣婆的恩惠，便命人把她从淮阴请来，当面向她致谢，并赠给她黄金千两以示答谢。

战国时，诸侯滕国国君想施行仁政，手下人把孟子推荐给他，他虚心请教孟子怎样施行仁政。孟子说想一心发财的人是不能施行仁政的，就是说"为富不仁，为仁不富"，施行仁政的君主征收赋税是有限度的，只有老百姓富了国家才能富强。

再看一个"为仁不富"的典型事例。

宋朝的范文正公（范仲淹），他当初还是一个穷秀才的时候，心中就念念不忘救济众人。后来做了宰相，便把俸禄全部拿出来购置义田，赡养贫寒的一族。他买了苏州的南园作为自己的住宅，后来听风水先生说："此屋风水极好，后代会出公卿。"他想，这屋子既然会兴发显贵，不如当作学堂，使苏州人的子弟在此中受教育，那么很多人就会兴发显贵了。所以他立刻将房子捐出来作为学堂。他把群众利益放在首位，不愿自己一家独得好处。结果，自己的四个儿子先后做了宰相公卿侍郎，而且个个都是道德崇高。他的儿子们曾经想给他在京城购买园宅一所，以便退休养老时居住。他却说："京中各大官家中的园林甚多，而园主人自己又不能时常游园，那么谁还会不准我游呢！何必自己要有花园，才能享乐呢？"

范先生的几位公子，平日在家都是穿着朴素的衣服。范公出将入相几十年，所得的俸钱也都作了布施救济之用；所以家用极为节俭，死的时候连丧葬费都不够。照普通人的心理，以为这样太不替子孙打算了，但这才是替子孙打算最好的法子。不单是他的四个儿子都做了公卿，而且能继承他父亲的美德，舍财救济众人。所以，范家的曾孙辈也极为发达，传到了数十代的子孙，直到现在已经是八百年了。苏州的范坟一带，仍然有很多范氏的后人，并且还时常出优秀的人才。世人若是想替子孙打算，想留饭给子孙吃，敬请按照范文正公的存心行事，才是最好的方法。

这个故事也印证了范仲淹在《岳阳楼记》中所说"先天下之忧而忧，后天下之乐而乐"的宏愿。他把国家、民族的利益摆在首位，为祖国的前途、命运担忧分愁，为天下人民的幸福尽心尽力。体现了一种为天下人谋福利，吃苦在前、享受在后的精神和忧国忧民、先人后己的高尚品格，闪耀着朴素的大公无私的思想光辉。

范蠡辅佐越王勾践打败吴国、称霸诸侯以后，谢绝了勾践"分国而有之"的美意，携美女西施毅然告退。他深知，勾践此人可与其共患难，不可与其共富贵。曾与其共事的大夫文种没有听从他"飞鸟尽，良弓藏；狡兔死，走狗烹"之忠告，结果最终被勾践找个理由赐死了。范蠡改名换姓，乘舟过海来到齐国，从头开始，几年下来便置了数千万的家产。齐国的君王觉得他很能干，就拜他为相。功名富贵都有了，他却喟然叹曰："居家而致千金，居官则至卿相，身为布衣，已是极致了。月盈则亏，物极必反！长此下去不是好事。"于是他辞掉相印，尽散其财，分与知友乡党，只带了一些贵重的东西，悄然离去，到一个叫作"陶"的地方做起了生意，转眼便又累积了万贯家财，富甲一方，人称"陶朱公"。这便是生意人的楷模了。

第四章
轻财重孝，善恶分明

伦常是天地之间的自然秩序，能够敦睦伦常，就能长久，关键在于人们能否放下一己之私利。放下一己私利就能成全长久之大利，那自利也就在其中了。"法肃辞严"从表象上看只是家庭中的一些礼仪规矩，其实它的背后体现的是父慈子孝，兄友弟恭，夫敬妇爱，尊老爱幼的精神实质。

亲戚和顺，家法严谨

◎ 我是主持人

"法肃辞严"是说一个家庭长幼有序，法度井然。晚辈都能尊重孝敬长辈，长辈能够慈爱晚辈，平辈之间互相尊重，这就是家庭礼法整肃的表现。

◎ 原文

兄弟叔侄，须分多润寡；长幼内外，宜法肃辞严。

◎ 译文

兄弟、叔侄之间要互相帮助，富有的要资助贫穷的，一个家庭要有严格的规矩，长辈对晚辈应该庄重。

◎ 直播课堂

这句话的意思是：兄弟叔侄之间，经济好的应该支持扶助经济差的；家里无论年长年幼、男的女的，都应该有严格的规矩，晚辈对长辈要尊敬，长辈对晚辈要慈爱，平辈间互相尊重，一个家庭长幼有序，法度井然。

元朝天顺年间，在黄州一带经常有匪寇从福建那边过来骚扰祸害百姓。章溢带着他的侄子章存仁避乱山中，不料，其侄子被匪寇抓去了。章溢心想："我哥哥就只留下了这个儿子，我怎能让哥哥绝后啊！"于是他不顾自身安危，毅然跑到匪寇那里，说："章存仁还是个小孩，没有知识，你们杀了他也没有什么意义，我愿意替他被你们杀。"匪寇不理会他，他便苦苦哀求，号啕大哭，又说只因这是自己的亲侄儿，而自己哥哥只有这一根独苗留在世上，看在这孩子可怜的份儿上请放了他。那群匪寇本来就听闻章溢在地方上的美名，正想以重金求得章溢，不料正好在此巧遇，匪寇们都很惊喜。匪寇头子想就地方叛乱的计划请教章溢，章溢却义正词严地拒绝说："你们也是有父母子女的人，怎能干出如此灭祖灭宗的坏事啊！"匪寇们一听，大为气愤，将章溢绑在柱子上，用刀威胁他说："不投降的话，你就只有死路一条！"章溢回答说："贪生而怕死，这虽然是人之常情，但我章溢绝不会为不义之事而屈服。"匪寇大骂说："难道你真的不怕死？"章溢回答："死有何惧？"匪寇们听后，终于被他感动了，反而都不敢加害于他。时至半夜，负责看守章溢的人还故意放他脱逃。如此这般，匪寇们最终还是把他们叔侄二人都释放了。

在处变之时，最能检验一个人的真情实意。章溢对侄儿的真情实意，可以算得上是烈士大丈夫的所作所为了。

《易经》的艮卦也讲：君子以裒多益寡。"裒"当取讲。意思是君子以裁取多余的去增益不足的。弟兄叔侄都在一个家庭内部，总有一些人条件好些，一些人条件差些，那么条件好的就应该帮助条件差的。特别是以前大家庭聚族而居，表现得更为明显。不过现在这个问题同样存在，有些兄弟姐妹多的家庭，做父母的总会多关心那些条件差的子女，而那些条件好的子女就不太理解了，甚至说什么父母偏心，顾这个不顾那个，这是没有真正理解父母的一片心意。这兄弟姐妹叔伯子侄间相互关心、相互帮助，本来就是天经地义的，亲邻贫苦都应生恻隐之心，何况是手足亲情呢？

然而，从古至今兄弟姐妹为财产发生争执甚至反目的情况屡见不鲜，这既是彼此伤害亲情，更是不仁不孝不义。试想，兄弟姊妹相互争斗，做父母的看了是何感想？所以《弟子规》里说"兄弟睦，孝在中"。人生在世有什么比亲情更可贵的呢？为了财而伤情，实在是不值得。

唐朝有位宰相叫李绩，一次他姐姐病了，他就亲自照料她，为姐姐烧火煮粥时，火苗烧了他的胡须。他姐姐非常不忍心，劝他说："你的仆人、侍妾那么多，何必自己这样辛苦呢？"李绩立即回答："您病得这么重，让其他人照顾，我不放心。您现在年纪大了，我自己也老了，就算想一直给您煮粥，也没有太多机会了。"李绩能这样对待自己的姐姐，实在是难能可贵！

辞当语言讲，"辞严"指大家不乱说、不吵闹，不嬉皮笑脸、不巧言令色。长幼内外，"法肃辞严"在当代确实是一个大问题，因为在一些家庭里由于家教不严，家人间相处没老没少，说话没大没小。

轻财重孝，恩泽后世

◎ **我是主持人**

古人说得好："父母者，人子之本源也。"这里的"本"是指草木的根系，"源"是指水流所流出的地方或指事物的根由，一棵树木要有根才能够茁壮繁茂；一条河流要有不息的源泉，才能够源远流长。

◎ **原文**

重资财，薄父母，不成人子。

◎ **译文**

如果为人子女只看重钱财，而薄待父母，不是做子女的道理。

◎ **直播课堂**

每个人都有父母，轻资财、重父母才是正理。假如因资财而薄待父母，那简直就不是人应该做的事。那么一个人为什么会"重资财，薄父母"呢？是因为他把本末给倒置了，分不清哪个是根本，哪个是枝末。父母是儿女生长的根本和源头，所以世间没有任何一件事情能够比孝顺父母更重要的了，《大学》说道："德者本也，财者末也。"这里明确地指出道德是人的根本，而资财只是枝末而已，那么道德里面什么是根本？孝道是根本。孔子在《孝经·开宗明义》中就说道："夫孝，德之本也，教之所由生也。"意思是说：孝，是德行的根本，王道教化就是由孝产生的。

有些人因为从小没有接受良好的道德教育，又受到社会的名利思想污染，往往会出现"重资财，薄父母"的行为，如果自己的财富充足了或显得富贵了，就把父母忘掉了；如果自己经济贫乏，就向父母要钱而不管父母如何困难，父母如果不给或给少了心里就生起怨恨之心；如果父母年迈，不能自给自足，要子女去负担，往往他们心里就会产生厌恶心理；如果为了遗产兄弟对簿公堂，或者是年迈父母尚在，特别是鳏寡老人，兄弟不肯抚养，彼此互相推诿，这都是败德到了极处，不知道自己这个人身是谁给的。自己在襁褓中的时候，父母哺乳养育，自己能够长大成人，都是父母的心血换来的。为什么如今有了一点自己的财产，有了一点金钱，就把父母给看轻了？甚至要跟父母斤斤计较起来，这岂是为人子的道理！

请看下面一个故事：

唐朝崔沔（miǎn）是有名的孝子。崔沔幼时家住成都地区，八岁时父亲就去世了，从此和母亲相依为命。十三岁时，他母亲又得了眼病，于是他变卖了家产，到处为母亲求医问药，但还是没能治好母亲的病。崔沔小小年纪就支撑起这个家，把母亲伺候得好好的。崔沔家门口有一个水塘，塘边是一条弯弯的小路，住在附近的人每天都从这里经过。一天晚上，母子俩正在吃饭，忽然听见门外有嘈杂的喊声，崔沔急忙出去观看，原来是一个小孩摸黑从塘边走过，一不小心掉到水里去了，幸好他相救及时，那个小孩才保住了一条命。

崔沔心地善良，第二天天刚黑的时候，他就在屋门口挂起了一盏灯笼。大家都很感动，因为都知道崔沔家里穷，便你一点儿我一点儿，自愿拿出一点儿灯油送来。从此再也不会有人掉到水里头了。

崔沔一边种菜糊口，一边发奋读书，后来终于考上了进士。他念念不忘母亲的养育之恩，经常陪着母亲游玩。一天，他们去饭馆里吃饭，崔沔拿菜给母亲吃。母亲吃了问这是什么菜？崔沔说这是高笋，母亲便赞高笋好吃，细滑爽口。

为了让母亲时常能吃到高笋，崔沔后来请人在家门前挖塘栽上了高笋，并在周围栽上果树。后来，崔沔的官越做越大，但始终不忘母亲的养育之恩。后来母亲去世了，崔沔很伤感。他回到自己简陋的家里为母守孝，门前塘里遍种高笋，每年清明节还总不忘给母亲送上一份高笋，白玉一样的高笋承载着崔沔的拳拳孝心。世人为之钦佩感动不已，为了纪念崔沔对母亲的孝心，后人就把这地方取名为高笋塘。崔沔之孝，不仅在于从物质上赡养母亲，更在于从精神上、感情上的关心与体贴。

嫁女娶妇，重德轻利

◎ **我是主持人**

　　这句话的核心是婚姻应看重男女双方的人品，而不应看重钱财。德行是幸福的根基，若重利而轻德，实非美满婚姻，后果必定是痛苦烦恼一生！

◎ **原文**

　　嫁女择佳婿，毋索重聘；娶媳求淑女，毋计厚奁。

◎ **注释**

　　奁：嫁妆。厚奁：丰厚的嫁妆。

◎ **译文**

　　嫁女儿，要为她选择贤良的夫婿，不要索取贵重的聘礼。娶媳妇，须求贤淑的女子，不要贪图丰厚的嫁妆。

◎ **直播课堂**

　　婚姻是人生大事，中国文化，特别是儒家文化尤其看重婚姻。佛家、道家，还有其他一些宗教都是叫人出家去修行，而儒家却教人回家来修行，在婚姻中来修行。《中庸》曰："君子之道，造端乎夫妇，及其至也，察于天地。"意思就是说：君子修道是从夫妇之道开始的，将夫妇之道参透了，就能和天地之道相通。因为夫妇是一小天地，天地是一大夫妇。《史记》曰："夫妇之际，人道之大伦也。礼之用，唯婚姻为兢兢。"意思是说：夫妇关系是最紧要的伦理关系，礼的运用，唯独对婚姻特别慎重。只有夫妇的人品好，才能相互尊重，相互理解，相互宽容，相互体贴，孝顺对方父母，友善双方亲人。所以《大学》里说"身修而后家齐"，只有将个人的品行修养做好，才能构建和谐的家庭。如果一个人在家里是好儿女、好兄弟姊妹，在工作岗位上是好同事、好上级或好下级，在朋友中是好朋友，那么他（她）在夫妇中一定是好丈夫或好妻子，即使有些生活习惯上的差异，但只要人品好，都能克服或包容。夫妇人品都好，即使双方家庭都不富裕，开始的时候经济比较拮据，只要双方都勤劳共同去创造，就能建立富足的家庭。如果人品不好，懒惰、赌博、浪费、不务正业，家里再有钱也会坐吃山空。而从古到今，凡是因为贪图钱财而建立的婚姻，幸福大多不会长久。

孔子的父亲娶颜氏为妻，颜氏是孔子的母亲。颜家要嫁女的时候嫁给孔子的父亲叔梁纥（hé），先要看他祖宗积累德行的历史，发现叔梁纥祖宗积德长久，德厚，于是就判断这一家的子孙必定能够贤达，果然后来孔子出生，成为了万世先师。所以嫁女，要看这夫家有没有积德的历史。娶一个好媳妇，有一个贤妻良母，能够旺三代；如果是娶了一个悍妇，唯利是图的女人，那不只是败三代，那是一败到底了。

重德，首先是重孝道。《孝经》云："不爱其亲，而爱他人者，谓之悖德，不敬其亲，而敬他人者，谓之悖礼。"一个人，如果连父母都不爱、都不敬，他能爱谁、敬谁？难道他会爱你、敬你？就像青年男女谈恋爱，男子追女的，天天给女子献花、买礼物，打得火热，还要看看这个男子有没有对他父母这样？有没有天天给他父母送花、送礼。如果他从来没送过，那不足以信赖。连父母这样恩德最深重的人他都不爱、不敬，他难道会有真心爱你、敬你？为什么当时如此？一定是有利可图。所以孔夫子说这是悖德、悖礼，违背了道德，违背了礼法。

晏子是一个德才兼备之人，在齐国辅佐了三代君王，他虽身居高位，俸禄丰厚，自己却朴素节俭，将多余的财物用来帮助亲族，对百姓体恤有加，而他对自己妻子的道义情谊，同样令人称赞不已。齐景公当政时期，晏子以自己的智慧德行，帮助景公治理朝政，深受景公器重。景公正好有一个心爱的女儿，年轻美貌，便想将女儿嫁给晏子。一天，齐景公到晏子家中做客，喝到尽兴的时候，景公正巧看到晏子的妻子，便向晏子问道："刚才那位是先生的妻子吗？"

晏子答道："是的。"

景公笑着说："嘻，又老又丑啊！寡人有个女儿，年轻貌美，不如嫁给先生吧。"

晏子听后，恭谨地站起来，离开坐席，向景公施礼道："回君上，如今臣下的妻子虽然又老又丑，但臣下与她共同生活在一起已经很久了，自然也见过她年轻貌美的时候。妻子在年轻的时候，将终身托付给我，我纳聘迎娶接纳了，跟臣一起这么多年，君王虽然现有荣赐，可晏婴岂能违背她年轻时对臣的托付呢？"

还有一则故事也很让人动容，也流露出夫妇之间的道义。

在东汉光武帝时代，有个大臣叫宋弘，非常有德行。刚好正值光武帝的姐姐湖阳公主的丈夫刚刚去世，湖阳公主跟光武帝在谈话的过程中，流露出想要嫁给宋弘的意思，只为宋弘的高尚德行。光武帝想探探宋弘的意愿，看他愿不愿意把元配放下，来娶他的姐姐。因为一般人都希望攀到这种关系，结果宋弘听了以后，就对光武帝讲："贫贱之交不可弃，糟糠之妻不下堂。"

宋弘讲话也很有技巧，假如光武帝问你要不要娶我姐姐，宋弘马上跟他说"糟糠之妻不下堂"，光武帝会怎么样？这么不给我面子！所以宋弘先讲贫贱之交不可弃。光武帝一听，必然心有所感，接着才说糟糠之妻不下堂。这么一讲，光武帝也觉得有点不好意思，也就不强他所难。虽然宋弘拒绝了这桩婚事，但他的正面影响很大，因为他是朝廷的大官。假如他娶了皇帝的姐姐，将造成整个朝廷不好的风气。而他这么有道义，也弘扬了整个朝廷的一种念情义的风气。相信在那段时间，所有的官员一定不敢把元配休了，假如休了，一定会遭到舆论的攻击。所以，读书人所做的每件事都要为社会负责。

与之相反，在历史上还有一个唐玄宗和杨贵妃的故事：

712年，李隆基即位后，首先清除太平公主乱政的局面，然后量才任官，提拔贤能人做宰相。推出了一系列有效措施，使唐朝的政治、经济、文化都得到新的发展，超过了他的先祖唐太宗，开创了中国历史上强盛繁荣的"开元盛世"。之后，唐玄宗安于现状，并沉溺于享乐之中。没有了先前的励精图治精神，也没有了改革时的节俭之风。736年，唐玄宗宠爱的妃子武惠妃病死，玄宗日夜寝食不安。听人说武惠妃的儿子、寿王李瑁的妃子杨氏美貌绝伦，于是他不顾什么礼节，就将她招进宫里。杨妃懂音律，很聪明，还擅长歌舞，很得玄宗欢心。为了掩盖夺儿媳的行径，唐玄宗让杨妃自己请求进宫做女官，住进南宫，又赐号太真。其实就是把杨妃金屋藏娇。唐玄宗为了安慰儿子李瑁，又给他娶了个妃子作为补偿。56岁的唐玄宗娶了22岁的杨玉环，典型的老夫少妻，如果李隆基不是至高无上的皇帝，杨玉环会爱上他吗？为了荣华富贵，杨玉环投身李隆基的怀抱，过着奢侈生活，但这种行为却违背了社会道德伦理。之后，唐玄宗封杨妃为贵妃，这就是历史上有名的杨贵妃。贵妃的地位仅次于皇后，但这时候没有皇后，所以杨贵妃实际上就相当于唐玄宗的皇后。玄宗对她恩宠备至，还称赞她是自己的"解语之花"（即海棠花，其花语是温和、美丽、快乐)。爱屋及乌，有了杨贵妃的关系，杨氏一族开始飞黄腾达。唐玄宗为了讨贵妃的欢心可谓费尽心机，为了迎合她喜欢漂亮衣服的心理，就动用几百人专门为贵妃制作衣服。为了让她吃上喜欢吃的荔枝，玄宗还下令开辟了从岭南到长安的几千里贡道。

有了杨贵妃，唐玄宗的奢侈之风越来越盛，大臣、贵族、宗室争相巴结皇帝，投贵妃所好，结果是她喜欢的人都升了官，这又刺激更多的官僚贵族巴结逢迎，争献美味佳肴、珍宝。

在杨贵妃的关系影响下，其堂哥杨国忠平步青云，一步登天，做上了唐朝宰相。杨贵妃的姐姐们也得到了实惠：大姐被封为韩国夫人，二姐被封为虢（guó）国夫人，三姐被封为秦国夫人。其他的兄长也有封赏，做了朝中的高官。杨国忠的权势无人能比，兄妹二人的辉煌也为其日后的悲惨结局埋下了伏笔。

在杨国忠的专权下，整个唐朝开始混乱起来，再加上玄宗和杨贵妃的奢侈，国库入不敷出。唐玄宗对于唐朝的危机丝毫没有察觉，反而向外发动了一系列的战争。政治腐败与黑暗，刺激了将领贪功享官的欲望。为了挑起战争并在战争中立功受赏、加官晋爵，边镇的很多将领肆意挑衅，使得边境战乱不断，好战的玄宗对此又是火上加油。初期的边境安定局面又被打破了，最终导致了安史之乱。

755年，身兼范阳、河东、平卢三镇节度使的安禄山因唐室政治腐败，武备松弛，便以讨伐杨国忠为名，自范阳挥兵南下，同年攻占了洛阳，次年正月在洛阳称大燕皇帝，接着在潼关击溃唐军，直捣长安，唐玄宗带着他的贵妃匆忙南逃，逃到今陕西兴平西马嵬驿，禁军将士哗变，杀死了杨国忠，并要求除掉杨玉环，唐玄宗见众怒难犯，只有忍痛割爱，命人缢死了杨玉环，后又把皇位让给了唐肃宗，结果是美女失去了，江山也丢了。

从上述故事中我们知道，唐玄宗是以色取人，杨贵妃是以势取人。从这个角度看，唐玄宗不是佳婿，杨贵妃亦非淑女，因为他们没有对当代和以后的国家与社会负责。

第五章
慎言慎行，不骄不躁

　　为人处世要堂堂正正，对人说话要有恰当的分寸，既不低声下气，也不傲慢自大，这就是不卑不亢，这就是人应有的尊严。贫穷还能快乐，富足能够懂礼，这即是心不为外物所动。一切喜怒哀乐、穷达豪辱都不影响自己的本心，这即是圣贤情怀。有了这样的情怀，自然不谄富骄贫。一般谄富骄贫的人都将钱作为衡量人的标准。

见富不谄，遇穷不傲

◎ 我是主持人

有道德的人不论做任何事、评论任何事都是以道义为标准，符合道义的就去做、去称赞，不符合道义的则不做并批评它。读书的目的是不断提高人生的境界，当人超越了功利境界进入道德境界，自然就不会谄富骄贫。

◎ 原文

见富贵而生谄容者，最可耻；遇贫穷而作骄态者，贱莫甚。

◎ 注释

富：家庭稳定，财产丰足；贵：指人的地位高。谄容：巴结奉承的样子。贫：缺少钱财，生活困难；穷：缺乏财物或处境恶劣。

◎ 译文

看见富贵的人就表现出谄媚面孔的人，是最可耻的；遇到贫穷的人就表现出倨傲无礼的人，是最卑贱的。

◎ 直播课堂

请看《论语》中孔子与弟子子贡对待贫富的态度。

一次，子贡问老师孔子："贫而无谄，富而无骄，何如?"意思是说：贫穷而不巴结奉承，富足而不骄横傲慢，怎么样呢？孔子回答说："可也。未若贫而乐，富而好礼者也。"意思是说：贫而无谄、富而无骄是可以的，但这样却不如贫穷而快乐、富足而知晓礼仪。

其实这和前文讲的婚姻是同理的，看人最应该看人品。我们敬重别人，是因为他的道德操守，而不是看重他的财富权势。一个人品行低劣，不学无术，再有钱有势也不值得尊重。请看《战国策》中记载的苏秦的故事。战国时的纵横家苏秦，曾随鬼谷子学习纵横捭阖（纵横：合纵连横；捭阖：开合，战国时策士游说的一种方法。指在政治或外交上用手段进行分化或拉拢）之术多年，与张仪同门。他家庭贫苦，因向秦国推销统一六国的策略没有成功，一无所成，搞得"妻不下纴（rèn，纺织），嫂不为炊，父母不与言。"即父母妻嫂都不理他，待他极其凉薄。苏秦自叹："妻不以我为夫，嫂不以我为叔，父母不以我为子。"于是他立志要做一番大事业。"头悬梁锥刺股"讲的就是苏秦发愤读书、钻研兵法的故事。后来他游说六国合纵抗秦，不久身兼六国宰相。衣锦还乡之时，全家对他的态度都彻底改变了，父母亲自为他打扫房间，请来乐队到离家三十里以外的道路上去迎接；妻子对其更是侧目而视、侧耳而听；嫂嫂拜倒在地上像蛇一样爬到苏秦脚下，又是磕头，又是谢罪。苏秦问嫂子：为什么你以前对我那么倨傲，而今天又这样低声下气？嫂子回答说：因为你现在地位高了，金钱多了，我们全家都有依靠了。这就是骄贫谄富的典型事例，而且是那么的恶心丑陋，从中也看出了世态炎凉。

但中国历史上也不乏刚正、果毅、不卑不亢之人，请看晏子使楚的故事。

楚王知道晏子身材矮小，就在大门的旁边开一个小洞请晏子进去。晏子不进去，说："出使狗国的人从狗洞进去，今天我出使到楚国来，不应该从这个洞进去。"于是，迎接宾客的人带晏子改从大门进去。晏子拜见楚王。楚王说："齐国没有人可派吗？竟派您做使臣。"晏子回答说："齐国的都城临淄有七千五百户人家，人们一起张开袖子，天就会阴暗下来；一起挥洒汗水，就会汇成大雨；街上行人肩膀靠着肩膀，脚尖碰脚后跟，怎么能说没有人才呢？"楚王说："既然这样，那么为什么会派你当使臣呢？"晏子回答说："齐国派遣使臣，要根据不同的对象，贤能的人被派遣到贤能的国王那里去，不肖的人被派遣到不肖的国王那里去。我晏子是最不肖的人，所以只好出使到楚国来了。"

晏子的话使本打算要戏弄他的楚国群臣们面面相觑，半天说不出话来。

勿恃势力，毋贪口腹

◎ 我是主持人

《礼记·大同》里在描述大同世界的时候专门讲道：鳏寡孤独废疾者有所养。老而无妻曰鳏，老而无夫曰寡，老而无子曰独，幼而无父曰孤；聋哑瞎缺，精神失常或长期患病曰废疾。就是要特别照养保护这些弱势群体。

◎ 原文

勿恃势力而凌逼孤寡；毋贪口腹而恣杀牲禽。

◎ 译文

不可以用势力来欺凌压迫孤儿寡母，不要贪口腹之欲而任意地宰杀牛羊等动物。

◎ 直播课堂

清末北洋大臣李鸿章曾有一段告诫属下的话说得很好："有生杀之权则嗜杀无度，有行政之权则作威作福，有度支之权则为己敛财，当为为官者戒。"意思是有了可以杀人的权力就滥杀人，有了行政权就肆意赏罚、专权蛮横，有了财政权就为自己捞财，这几点是为官的人必须引以为戒的。不仅做官的人必须警戒，一切有权有势的人都应警戒。

要知道，所有的生命都跟人一样有灵知、有血气，都是贪生怕死的。自己不愿意被别人杀害，又怎么能够去杀害众生呢？用残忍贪欲的心杀害众生，迟早有一天自己也会被杀害。上天有好生之德，假如为了自己口腹之欲，贪图美味而杀害众生，那就是违背了天德，把自己放在一个受天谴的地位上，当然后果也必定是自己会像那些被杀的众生一样惨死。

历史上，这样的记载非常多。请看《北齐书》中的一个故事。

在南北朝时期，有一个人叫元辉业。他非常喜欢吃肉，每天都要吃一头羊，三天要吃一头牛犊。结果后来被皇帝给杀掉了，死的时候很惨，他的尸首不是埋在地里，是人们把冰凿开，把尸体沉到冰河里面，死无葬身之地。

孟子曰："君子之于禽兽也，见其生，不忍见其死，闻其声，不忍食其肉，是故君子远庖厨也。"意思是说：君子对各种动物，愿意看见它们

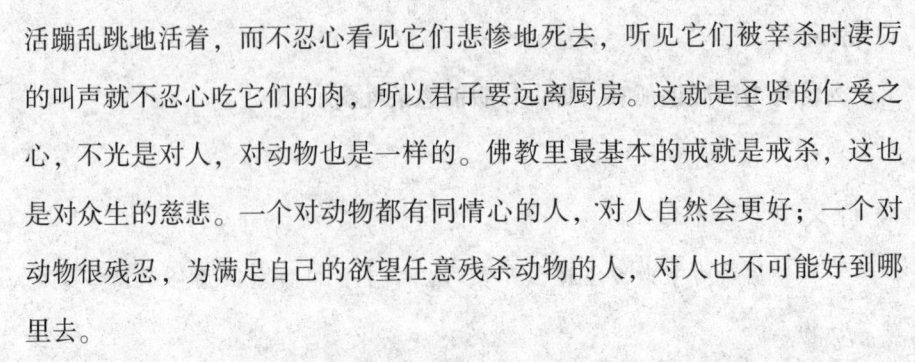

活蹦乱跳地活着,而不忍心看见它们悲惨地死去,听见它们被宰杀时凄厉的叫声就不忍心吃它们的肉,所以君子要远离厨房。这就是圣贤的仁爱之心,不光是对人,对动物也是一样的。佛教里最基本的戒就是戒杀,这也是对众生的慈悲。一个对动物都有同情心的人,对人自然会更好;一个对动物很残忍,为满足自己的欲望任意残杀动物的人,对人也不可能好到哪里去。

著名画家丰子恺先生画的六卷本《护生画集》就是画的保护动物,不要恣杀牲禽,许多画都感人至深。有幅画画了一个屠夫牵了一头猪从肉店门口经过,猪望着肉店上挂着的一只大猪腿,画上题着"我的腿"三字。丰先生讲,护生就是护心,保护生命其实是保护人的那一颗善良的心。

"勿恃势力而凌逼孤寡,毋贪口腹而恣杀牲禽",就是教人要有一颗悲悯弱小的仁慈之心。

乖僻自是,悔误必多

◎ 我是主持人

　　乖僻的人多趾高气扬,争强好胜,自以为是。这样的人性格浮躁,为人处世常常会做出日后后悔的错事来。另一种贪图安逸享受、消极颓废的人,也很难把家治好。

◎ 原文

乖僻自是，悔误必多；颓惰自甘，家道难成。

◎ 注释

乖僻自是：行为乖戾，违背常理，却自以为是。

颓惰自甘：颓废懒惰，不肯努力，却自得其乐。

◎ 译文

性格乖僻自以为是的人，后悔和失误的事肯定会多；颓废、懒惰自甘现状，家道是难以成就的。

◎ 直播课堂

曾国藩《大界墓表》中记载：曾家历来节俭、勤奋、为人厚道。到了曾国藩的祖父曾星冈时，家中有近100亩水田、山林。曾星冈幼年聪明好学，但后来因家庭较为宽裕，变得有些懒惰，年轻的曾星冈在这一年龄段十分放纵，叛逆性很强，他不务农事，不时往返于湘潭繁华闹市之间，和一帮青年朋友喝酒划拳，常常通宵达旦，太阳升起后就开始睡觉。一日沉睡中，他听见旅馆里年长的邻居在议论他。一人说："听说这后生家里很富裕，祖辈很是勤劳。"另一人言："祖辈虽勤，但出了此等轻浮浅薄之子孙，真是败家子啊！"言罢二人叹息。曾星冈惊醒后顿悟，于是扔弃游资，卖掉马匹，徒步回家。

从此，他"终身未明而起"，领着耕夫"凿石决垠"，将小丘改为大丘，还精心钻研水稻和蔬菜的栽培技术，同时喂猪养鱼，一年四季没得空闲，苦心治理自己的家业。他感慨良深地说："凡菜蔬经自己之手种下，眼见其长成，又亲手收获，其味格外香甜；凡事物亲历千辛万苦而成功者，食之弥安！"于是传下治家八字诀："书蔬鱼猪早扫考宝"，即读书、种菜、养鱼、喂猪、早起、扫屋、祭祖、睦邻。曾国藩的私人藏书楼富厚堂的正厅取名"八本堂"也是因此而来。

　　孝成王七年（公元前259年），秦军派白起将军与赵军在长平对阵，那时赵奢已死，蔺相如也已病危，赵王派廉颇率兵攻打秦军，秦军几次打败赵军，赵军坚守营垒不出战。秦军屡次挑战。廉颇置之不理，两军对垒达三年。后秦军用反间计，造谣说："秦军所厌恶忌讳的是赵奢将军的儿子赵括。"赵王听信谣言起用赵括为将军，取代了廉颇。蔺相如说："赵括只会读他父亲留下的书，刚愎自用，自以为是，不懂得灵活应变。"赵王不听，还是拜赵括为将。赵括的母亲上书给赵王说："不可以让赵括做将军。"赵王说："为什么？"她说："当初我侍奉他父亲时，大王和王族们赏赐的东西全都分给军吏和僚属。从接受命令的那天起，就不再过问家事。现在赵括一下子做了将军，就面向东接受朝见，军吏没有一个敢抬头看他的，大王赏赐的金帛，都带回家收藏起来，还天天访查便宜合适的田地房产，可买的就买下来。大王认为他哪里像他父亲？父子二人的心地不同，希望大王不要派他领兵。"赵王不信，赵括的母亲接着说："您一定要派他领兵，如果他有不称职的情况，我能不受株连吗？"赵王答应了。用只会纸上谈兵的赵括代替廉颇之后，赵括便把原有的规章制度全都改变了，把原来的军吏也撤换了。秦将白起听到了这些情况，便调遣奇兵，假装败逃，又去截断赵军送粮的道路，把赵军分割成两半，使赵军士卒离心。过了四十多天，赵军饥饿，赵括出动精兵亲自与秦军战斗，秦军射死赵括。赵括军队战败，几十万大军投降秦军。这一战赵国损失了四十五万人。赵国惨遭大祸后，国势日衰，最后也被灭掉了，赵括纸上谈兵，最终误国误己，这就是"乖僻自是"。

　　商朝时，纣王登位之初，天下人都认为在这位精明的国君的治理下，商朝的江山一定会坚如磐石。有一天，纣王命人用象牙做了一双筷子，十分高兴地使用这双象牙筷子就餐。他的叔父箕子见了，劝他把筷子收起来，而纣王却满不在乎，满朝文武大臣也不以为然，认为这本来是一件很平常的小事。箕子为此忧心忡忡，有的大臣莫名其妙地问他原因，箕子回答说："纣王用象牙做筷子，必定再也不会用土制的瓦罐盛汤装饭，肯定要改用犀牛角做成的杯子和美玉制成的饭碗；有了象牙筷、犀牛角杯和美玉碗，难道还会用它来吃粗茶淡饭和豆子煮的汤吗？大王的餐桌从此顿顿都要摆上美酒佳肴了；吃的是美酒佳肴，穿的自然要绫罗绸缎，住的就要富丽堂皇，还要大兴土木筑起楼台亭阁以便取乐了。对这样的后果我觉得不寒而栗。"

后来商纣王征服有苏氏（今河南省武陟东人）。有苏氏献出美女妲己。纣王迷于妲己的美色，对她言听计从。妲己喜欢歌舞，纣王令乐师师涓创作靡靡之音、下流的舞蹈，在宫中朝夕欢歌。妲己伴着靡靡之音起舞，妖艳迷人。于是纣王荒理朝政，日夜宴游。

纣王贪图享受、骄奢淫逸，逐渐变得消极颓废，百姓怨声载道，民不聊生。纣王的无道，激起了人民的反抗。周武王乘机发动诸侯伐纣，在牧野之战，一举灭商，纣王逃到鹿台被杀，妲己也被斩首。像纣王这样"颓惰自甘"，不但"家道难成"，而且丧命亡国。无独有偶，下面这个故事与上述故事有相似之处。

三国后期，刘备去世后，由儿子刘禅继位，刘禅的小名叫阿斗，这个人昏庸无道，是个愚笨无能的人，而且还贪图享乐，根本没有要继承先帝遗愿的那种志向。一开始，由于有诸葛亮等贤臣辅佐，还没有什么大问题，后来，这些贤人先后去世，刘禅就更加昏庸无道了。他不理朝政，致使宦官弄权，朝中大臣结党营私。蜀国也就很快地被魏国灭了，刘禅因此投降被俘。他投降后，被安排到魏国的京城洛阳居住，并且被封为安乐公。有一次，魏国的大将军司马昭请他喝酒，当筵席进行得酒酣耳热时，司马昭说："安乐公，您离开蜀地已经很久了，因此我今天特别安排了一场富有蜀国地方色彩的舞蹈，让您回味回味啊！"这场舞蹈跳得刘禅身旁的部属们非常难过，更加想念他们的家乡。然而唯独安乐公刘禅依然谈笑自若，丝毫没有难过的表情，司马昭问道："您还想不想回蜀国的家乡呢？"刘禅答道："这里有歌有舞，又有美酒，我怎么舍得回蜀国呢！"这就是乐不思蜀的典故。正因为如此，刘禅的昏庸无能在历史上是出了名的，后来，人们常用"扶不起的阿斗"来比喻那种懦弱无能、没法使其振作的人。

狎昵恶少，久必受其累

◎ **我是主持人**

我们不是生而知之的圣贤，必须要学习，学而知之。学习的环境，包括物质的环境和人事的环境，就非常重要。所以，应该远离小人恶友，免得受他们的影响。人的天性是善良的，可是如果常常跟恶友相处，久而久之也会受其影响。

◎ **原文**

狎昵恶少，久必受其累。

◎ 注释

狎昵：过分亲近。

恶少：不良的少年恶霸。

◎ 译文

亲近不良的少年，日子久了，必然会受到牵连。

◎ 直播课堂

这是在指导人们如何择友。《弟子规》曰："能亲仁，无限好；德日进，过日少。不亲仁，无限害；小人进，百事坏。"意思是说：能够亲近品德高尚的仁者，就会得到无限的好处，与仁者亲近，德行就会一天比一天增进，而过失就会一天比一天减少。不亲近品德高尚的仁者，就会有无限的害处，这样一来小人就会乘机接近，很多事情都因此而不能成就。这一段与本句"狎昵恶少，久必受其累"是相通的。所以，《弟子规》跟《朱子家训》都强调择友的重要性。

唐玄宗李隆基就是一个典型的例子。他在刚刚即位的时候，也是励精图治，很有雄心壮志，确实做得很好，把国家治理得井井有条。他也提倡文化教育，亲自批注过《孝经》。他对《道德经》也是非常有研究，使得天下大治，唐朝进入全盛时期，并成为当时世界上最强盛的国家，史称"开元盛世"。可是后来，因为任用了李林甫、杨国忠这两个奸臣，就受其拖累了。李林甫口蜜腹剑，表面一套背后一套，非常会阿谀奉承，而且排挤忠良；杨国忠跟他比起来，也是一类人物。当时杨贵妃得宠，而杨国忠是杨贵妃的同族长兄。可谓是位高权重，也是一个自私自利的小人。两个人合起来，弄得唐玄宗不务政事，纲纪败坏，致使安禄山兵变，险些把大唐王朝给葬送了。可见，亲近恶人，很容易受他们的影响。

孔子教人要亲近益友，远离损友。什么是益友，什么是损友？《论语》曰："益者三友，损者三友。"益友有三种，损友也有三种。"友直，友谅，友多闻，益矣；友便辟，友善柔，友便佞，损矣"，这是告诉人们如何判断一个朋友是对自己有益的，还是有损害的。

益友有三个特点：一是"友直"，"直"是正直，跟正直的人在一起做朋友，那你就得益了，你的心也正直。二是"友谅"，"谅"是宽恕、原谅，善于宽恕别人，有恕道；谅，也有的批注里当信字讲，即有信义的朋友，这两种说法都很好。三是"友多闻"，"多闻"是博学多闻，有学问。正直的、心地宽广有信义的、博学多闻的朋友，跟他们交往就会得到很大的益处。

同样的，损友也有三个特点。第一是"便辟"，"便辟"的意思就是看起来很恭敬，很客气，善于周旋，很会察言观色，很会奉承巴结的一类人，但是他的心不正直。第二是"善柔"，"善柔"就是善于献媚。他跟人在一起让人觉得他非常柔和，很会讨好人，很会讲一些花言巧语来蒙骗人，让人听得很舒服，但他言不由衷。第三是"便佞"。"佞"主要是讲言辞很善巧，很会说话，但往往言过其实。这一类的朋友也不会给自己带来很大益处。孔子说："巧言令色，鲜矣仁。"便佞就是巧言，很会说话的意思。但那都是绮语，是不真实的话。令色就是善柔，装出的一副样子，好像让你很开心，他很会来奉承巴结人。

孔子还在《论语》里讲："巧言令色足恭，左丘明耻之，丘亦耻之。"巧言，就是很会说话；令色，这是容貌举止表现得很会献媚；"恭"是恭敬的意思，"足恭"就是他不能对你真诚，而是非常懂得巴结。左丘明觉得这种人是很可耻的，是没有人格的。"丘亦耻之"，丘是孔子的名字，这是他自称，孔子也以此为耻。所以"巧言令色足恭"，跟前面《论语》那句"友便辟，友善柔，友便佞"是相对应的。巧言就是便佞，善柔就是令色，便辟就是足恭。这种没有人格的人，不要跟他为友。还有一种是"匿怨而友其人",心里跟对方是有很大的愤恨的,可是还在外表现出跟他亲密的样子,这是用心险诈。这种朋友不能与其交往,这些人都属于这里讲的"恶少"。

古人又告诉人们,看人要看他的朋友。要知道一个人的道德情操,他如果是城府很深,你未必能够看得出来。但是你可以看他周围的人,所谓"物以类聚,人以群分"、"近朱者赤,近墨者黑",他跟什么人交往,他大抵就是什么样的人。

《孔子家语》曰:"不知其子,视其父。不知其人,视其友。不知其君,视其所使。不知其地,视其草木。故曰,与善人居,如入芝兰之室,久而不闻其香,即与之化矣。与不善人居,如入鲍鱼之肆,久而不闻其臭,亦与之化矣。丹之所藏者赤,漆之所藏者黑。是以君子必慎其所与处者焉。"

这段话的意思是,不知道儿子的品德,可以看他的父亲,有其父必有其子,他是什么家庭里培养出来的,大概就是什么样的人物,十有八九不会错。不知道这个人的品德,就看他的朋友,看他跟什么人交往,如果他是亲近恶少的,那他一定也是恶少。不知道领导是什么样的人,就看这个领导任用什么样的人。譬如说唐玄宗,他在过去励精图治的时代,任用一批贤能的辅臣,像张九龄就是他的贤相,你就知道当时的他一定是一个很有志向、很有抱负、很想有所作为的君王。可是后来他用了李林甫,用了杨国忠,你就知道他变了,他肯定是成了贪图享乐的人。"不知其君,视其所使",虽说是看他使用的是什么人,但即使同一个人,前后的时期都不一样,人都会变的。"不知其地,视其草木",这是讲自然环境,草木是地所生,你要知道这个地理状况,看它的草木,就可以判断它的地理环境。

所以这四个举例说明,人周遭的环境跟这个人本身是息息相关的。所谓"依报随着正报转",正报是指自身,依报是所依靠的环境,包括物质环境和人事环境。有什么样的正报,就有什么样的依报。反之,人进入什么样的依报，自己的正报也会随着依报而转，因为常人不是圣人，会受环境影响。所以孔子说"故曰，与善人居"，跟善人居住在一起，"如入芝兰之室"，就像人进入了一个种着兰花的花房里，处久了，那兰花的香味虽然闻不出来了，可是你已经跟这个兰花的香气融成一体了，等到出来之后，别人就能闻到你身上有兰香。"与之化矣"，就是彼此化成一体了。"与不善人居"，跟那些品行不好的人交往，常常往来，就好像进入了"鲍鱼之肆"，就是卖臭咸鱼的店，刚进去时觉得很臭，可是时间久了也就不觉得臭了，已经麻痹了，但是身上已经带有这种臭味了，就跟这种臭味融成一体了。丹就是朱砂，它里面蕴含的一定是红色；黑漆就是墨，它里头蕴藏的一定是黑色；所以说"近朱者赤，近墨者黑"。因此孔子讲，君子必须要谨慎地选择所相处的朋友。

在三国时代，有一个著名的故事叫"管宁割席"。

管宁和华歆、邴原都是当时的大学者，可是他们的品性却有所差别。这里讲的是华歆跟管宁之间的故事。华歆因为仰慕管宁的道德学问，来投奔管宁，跟管宁一起读书求学。他们在求学的时候，都是一边读书，一边劳动。古人讲"耕读传家，知行合一"，所以要读书，也要耕作，并非一味只是读书。

有一天，两个人在园子里耕种锄地，这个菜地里有人埋了黄金，结果管宁锄着锄着就把这黄金给翻腾出来了。因为读书养性，讲求要摒弃人性中的贪欲，见到意外之财不能动心，"勿贪意外之财"。所以管宁看到黄金之后，根本没有动心，就把它当成砖头一样，用这个锄头一拨，把它拨到一边了，没有理会。华歆在后面跟着锄，他也看到了这块黄金，但是他心动了，把黄金拿起来看了一下，有点不忍，最后可能也想到读书人不能有贪欲，于是就把它扔掉了。

后来，他们共坐在一张席子上读书。这时，有个坐在华贵车辆里戴着官帽的人从门前经过，管宁还像原来一样读书，华歆却放下书出去观看。

于是，管宁割断席子和华歆分开坐，并说："你不再是我的朋友了。"通过上述表现，两个人，两个动作，已经显示出两个人的品行高下不一样了，管宁没有动心，但华歆动心了。

管宁回到中原后，魏文帝的儿子魏明帝又多次征召他做官，管宁认为"潜龙以不见成德，言非其时，皆招祸之道也"。意思是贤德的人韬光养晦以待时势，如果不选择正确的时机，都是招惹祸患的做法。所以他隐居了三十七年，当时华歆任司徒，这是他过去的学友，很佩服管宁，所以多次推荐，甚至说要把自己这个太尉官位让给管宁，请他出来，可是管宁还是一律推辞，至死都没有答应出来做官。直到正始二年（241年），管宁年八十四而卒，皇帝还念念不忘！这是管宁的圣贤风范、高风亮节，比起华歆，当然要高出太多了。所以，读书志在圣贤，管宁能够真正成为一代贤人，而华歆虽然也是很有学识，可是在历史上，后人评价也没有把他列入圣贤之列。所以交什么样的朋友，说到底还是自己要有坚定的志向，只有志在高远，才不会受环境所动。

屈志老成，急则可相依

◎ 我是主持人

这句话还是讲交友，是教育后人，要交老成持重之人做朋友。往往当自己落难的时候，这种老成持重之人能真正地帮助自己。

◎ 原文

屈志老成，急则可相依。

◎ 注释

屈志：就是抑制自己，恭敬自谦的意思。

老成：是指阅历很丰富，心地又很厚道，行为很庄重的人。

◎ 译文

虚心地与那些阅历多而善于处世的人交往，遇到急难的时候，就可以受到他的指导或帮助。

◎ 直播课堂

请看历史上很著名的一个典故"程婴救孤"。

晋景公三年（公元前597年），赵氏家族遭难。司寇屠岸贾追究刺杀晋灵公的主谋，罪名加在赵朔之父赵盾身上，把赵氏全族诛灭。当时只有赵朔的妻子幸免于难，因为她是晋成公的姐姐，在宫中避祸。赵朔妻子身怀六甲，如果生男，则是赵氏不灭。因此，保全和绝灭赵氏的两方，都盯住了这个尚未出生的遗腹子，此时，公孙杵臼见到程婴，问程婴为什么没有为朋友殉难？程婴说："朔之妇有遗腹，若幸而男，吾奉之，即女也，吾徐死耳。"这时程婴已抱定殉难的决心，但是把保全赵氏后代放在首位。二人心意相通，遂为救援赵氏后代结成生死之交。不久，赵朔妻产下一个男孩。屠岸贾闻后，带人到宫中搜索。赵朔妻把婴儿藏在裤子里面，又幸亏婴儿没有啼哭，才躲过了搜捕。为寻万全之策，程婴找到公孙杵臼商量办法，公孙杵臼提出一个问题：是个人一死难呢，还是扶持孤儿难？程婴回答：个人一死容易，扶持孤儿难。于是，公孙杵臼说出一番计划，请程婴看在赵朔对他的深情厚谊的份儿上，担当起扶持孤儿的艰难事业，杵臼自己选择的是先去赴死。

计划已定，他俩谋取别人的婴儿，包上华贵的褓褓带到山里藏了起来。然后程婴出来自首，说只要给他千金他就说出赵氏孤儿的藏身之处。告密获准，程婴带着人去捉拿公孙杵臼和那个婴儿。公孙杵臼见了程婴，装得义愤填膺，大骂他是无耻小人，既不能为朋友死难，还要出卖朋友的遗孤。然后大呼："天乎！天乎！赵氏孤儿何罪？"请求把他一个人杀了，让婴儿活下来。自然，公孙杵臼的要求未被答允，他和那个婴儿都被杀了。程婴和公孙杵臼的调包计成功后，人们都以为赵氏最后一脉已被斩断，那些附和屠岸贾的人都很高兴，以为从此再不会有人找他们复仇。程婴背着卖友的恶名忍辱偷生，设法把真正的赵氏孤儿带到了山里，隐姓埋名抚养他成人。15年以后，知情人韩厥利用机会，劝说晋景公勿绝赵氏宗祀。景公问赵氏是否还有后人，韩厥提起程婴保护的赵氏孤儿。于是孤儿被召入宫中。孤儿此时已是少年，名叫赵武，景公命赵武见群臣，宣布为赵氏之后并使复位，重为晋国大族，列为卿士。程婴、赵武带人攻杀屠岸贾，诛其全族。赵武20岁那年，举行冠礼，标志其进入成年。程婴觉得自己已经完成夙愿，就与赵武等人告别，要实现他殉难的初衷，并了却对公孙杵臼早死的歉疚心情。他其实也是以一死表明心迹，证明自己苟活于世，决没有丝毫为个人考虑的意思。赵武啼泣顿首劝阻，终不济事，程婴还是自杀了。

这段故事在历史上一直被传颂。程婴和公孙杵臼这种舍己救人、矢志不渝的精神，为中国人所钦敬、佩服，他们对于朋友的那种信义，也是非常值得后人赞叹。从表面看，赵家有程婴、公孙杵臼这样的朋友，才得以保全。从深层次上来讲，"屈志老成，急则可相倚"是教导人们，自己先要有老成持重的这种心，为人要忠厚，要忍辱负重。自己是什么样的品性，就会感应什么样的人来做你的朋友。

轻听发言，忍耐三思

◎ 我是主持人

有个成语叫"众口铄金"，意思是说，如果众口一词，即使是铁打的事实也会被扭曲。由此可见，人言可畏。

◎ 原文

轻听发言，安知非人之谮诉，当忍耐三思。

◎ 注释

谮诉：诬蔑人的坏话。

◎ 译文

不要轻信别人的谗言，怎么知道不是别人有意污蔑，应当忍耐多思考再下结论。

◎ 直播课堂

古人讲："流言止于智者。"意思是说：流言蜚语到有智慧的人这里就止住了，不再传了。智者不会轻听流言，更不会随随便便就受流言蜚语所迷惑。孔子的弟子曾参以"孝"闻名，他家住在费邑（地名，今山东济宁市鱼台县东南费亭）时，有一个同名同姓者杀了人，有人误以为是曾参所为，议论纷纷，谣言很快传到曾母那里。当时曾母正在织布，便停机正色道："我儿不会做那种事！"不久又有人来说："曾参杀人了！"曾母依然镇定如故，不予理睬。后来又有人来说同样的事，这时曾母终于不安起来，急忙收拾东西准备逃走。大众都有"从众心理"，觉得大家都在传说某事，那这事看来假不了，无风不起浪嘛。正是因为这种心理，流言传得特别快，真是"好事不出门，坏事传千里"。做人要做一个明智的人，不要随便传播流言，也不要轻易听信流言。《战国策》中有一个"三人成虎"的故事。

战国时，魏国有一位叫庞葱的重臣。有一年，他奉命陪世子到赵国都城邯郸作人质。出发前，庞葱对魏王说："大王，如果有人告诉您，街市上有一只虎，您相信吗？"老虎招摇过市，魏王当然不信。便回答："怎么可能有这种事？寡人不信！"庞葱又说："如果又有一个人告诉您，街市上果然有一只虎，那大王信吗？"魏王想了想说："嗯，这就值得考虑了！""如果再有一个人说同样的话呢？""嗯，如果三人都这么说，那应该是真的。"听完魏王的回答，庞葱道出了说此话的真意，他说："事实上，街上并没有老虎，只是以讹传讹而已，大王何以信之呢，是因为说的人多了。现在我与世子，背井离乡去远在千里之外的赵国当人质，我们在那里的情况大王无法准确了解到，说不定会有人传出'市有一虎'般的谣言，大王难道要相信吗？所以为了保证世子将来能顺利回国继大统，请大王先请三个人传言大众，说我们只是离开了都城，并不是去邯郸。"魏王不以为然。庞葱陪世子去赵国做人质后不久，便有人暗中中伤庞葱，说他企图拥立世子，怀有二心，图谋不轨。说的人多了，魏王居然信以为真，命世子归国，而庞葱不再被重用。

庞葱事先已给魏王打了"预防针"，也难逃"众口铄金"的命运，可

见流言的破坏力之大。

不要听信谗言,对流言蜚语一定要谨慎,待认真查明后才能够做出决定或者是判断,否则对社会贻害不浅。

明朝有一位贤士叫陈良谟,崇祯四年(1631年)进士,任大理推官。他说:"我从前因公到公安县巡查的时候,有一位姓白的教谕,到京城去参加会试,他的妻子喜欢做好事,曾经把他的名字题写在疏文上,还布施给道姑一两银子,并且还用麻丝把疏文绣在旗幡上面。刚好白教谕同事的妻子来访,见到旗幡疏文大为惊骇,就说道:'教书的儒官跟道姑往来,恐怕会影响官途!'白教谕的妻子听了之后,就信以为真,以为丈夫的官途从此就完了,心中因此闷闷不乐。等到白教谕京中会试落榜归来,就拿了这块麻料来做衣服,并且又剪坏了旗幡,妻子更是感到难过,因此就上吊自杀了。

"我刚好听到了这件事情,就去问知县,知县就把详情说了出来,我因而可怜白教谕的遭遇,更是替他的妻子感到悲哀!后来抚院林二山正在研究讨论儒官的贤德,他竟跟我说:'是白教谕和同僚的妻子发生不正常的关系,因此他的妻子很不高兴,就时常对他有不满的言辞,白教谕一怒之下,就威逼妻子上吊自杀;这罪过,简直就是天地不容啊!'于是我就将我所知道有关白教谕的事情,告诉了抚院,林公听了倍感疑惑,正在沉思迟疑不决之时,我就再跟他说:'不知有关白教谕的事情,您是听谁说的?如果这个人是位正人君子,那么他所讲的或许可以相信;如果不是一位正人君子的话,那么就请您再详细地查访。'林公听了恍然大悟,拍着桌子说道:'你说得对!你说得对!'立刻就拿起笔来,涂掉刚才所写有关白教谕的资料。后来白教谕升任国子监的助教,而我调到福建担任按察使,主管福建的司法业务,在莆田见到了林公,林公就指着隔壁的邻家跟我说:'这家的主人姓吴,曾经担任过公安县的训导,就是他谗毁白教谕;平素他就心术不正,我是因为听了你的话而顿然觉悟。'后来吴训导升迁担任江西萍乡的教谕,也被其他的同事谗毁,而被罢了官;他在返回家乡,经过鄱阳湖的时候船翻了,差点就淹死在湖里,现在已是十分地落魄潦倒啊!"

若别人纵然有了过失,也应当想办法为他掩护;若是一个人平白无故编造了流言,捏造了恶事去谗毁他人,这种恶毒比刀斧虎狼还要厉害啊!!因为一个人本来没有罪,却被一位小人谗言攻击,其他不明事理的人也就跟随着毁谤,听到谗言的人也实在很难分辨出谁是谁非,导致了贤人和小人混淆不清,官位的降级和升迁,也都会因此而颠倒了,这就是君子所深恶痛绝的啊!

宋朝有一个宰相叫富弼,这是一代名相,他的胸襟非常宽广,大肚能容,别人有时候会骂他,他绝对不生气。他在少年时就练就了这种所谓听骂的"童子功",绝不生气。有一次,有个人莫名其妙地骂他,他听而不闻,无动于衷。旁边人以为他听不见,就提醒他说:"喂,有人骂你。"结果富弼回答说:"他大概是骂别人。"旁边的人又说:"这哪能呢,他是指名道姓在骂你。"富弼又说:"这天下之大,同名同姓的人多,他怎么可能是骂我,肯定是骂别人。"你看,这些骂他的话他就是不听进去,最后连骂他的那个人都服了,心生惭愧。

所以古人讲"将军额上能跑马,宰相肚里能撑船"。确实,只有这样的大肚量,才有这样的大福分,这就是量大福大。

比富弼厉害的,还有一位唐朝的名相叫娄师德。他也是出将入相,自己一生为官清廉,数十年从未取一文不义之财。他都官拜宰相了,生活还是非常清贫,非常难能可贵。娄师德心胸非常宽广,能够忍让宽容。

娄师德的弟弟也是一位胸襟宽广的人,德行学问也是非常好的,弟弟受任做州刺史,是一个很高的官了,将要赴任的时候,去拜别兄长。娄师德就问他:"我现在已经位高到宰相了,位高权重,你现在又做州刺史,我们兄弟俩可以说是荣宠过盛了,要知道人太贵盛了就会有灾祸,那你要怎么样才能够免除灾祸?"他弟弟就对他兄长说:"从今以后,如果有人吐口痰吐到我脸上,我就把这个痰擦干净,绝对不跟这个人计较,所以兄长你就不用替我忧虑了。"只有如此才能够安宁,才能够保全官位。

没想到娄师德反而表现得更加忧虑,跟他弟弟说:"你这么做,反而使我忧虑了。为什么?因为人要是吐口痰在你脸上,那是他对你很愤怒,可是你要把这痰擦干了,你是逆着他的意思,所以会使得他更加愤怒。应该怎么办?他唾到我的脸上,我不能擦掉,让它自己干,而且还要笑面迎人,欢喜接受。"

第六章
不图回报，宽厚仁慈

常言说施恩不图报是品格，就是说一个人做好事，不应该带有功利性与目的性，若是做好事有所图报，那么就会使这好事蒙有一层阴影。也不应该把自己的付出当作一种给予、负担或压力，而应该把付出当作一种美德。

因事相争，须平心暗想

◎ 我是主持人

这句话是讲，如果跟人因某件事情争起来了，要冷静地反省自己，平心静气地多想想自己的不是，因为，怎么能知道不是自己的过错？人不讲理，是一个缺点；人硬讲理，是一个盲点。理直气"和"远比理直气"壮"更能说服和改变他人。

◎ 原文

因事相争，焉知非我之不是，须平心暗想。

◎ 译文

因为事情与他人互相争吵，要多找自己不对的地方，要平心静气地默默地思量和检讨自己。

◎ 直播课堂

一位高僧受邀参加素宴，席间，他发现在满桌精致的素食中，有一盘菜里竟然有一块猪肉，高僧的随从徒弟故意用筷子把肉翻出来，打算让主人看到，没想到高僧却立刻用自己的筷子把肉掩盖起来。一会儿，徒弟又把猪肉翻出来，高僧再度把肉遮盖起来，并在徒弟的耳畔轻声说："如果你再把肉翻出来，我就把它吃掉！"徒弟听到后再也不敢把肉翻出来。

宴后高僧辞别了主人。归途中，徒弟不解地问："师父，刚才那厨子明明知道我们不吃荤的，为什么把猪肉放到素菜中？徒弟只是想要让主人知道，处罚处罚他。"

高僧说："每个人都会犯错误，无论是有心还是无心。如果让主人看到了菜中的猪肉，盛怒之下他很有可能当众处罚厨师，甚至会把厨师辞退，这都是我不愿意看见的，所以我宁愿把肉吃下去。"

处理问题固然要"得理"，但绝对不可以"不饶人"。留一点余地给得罪你的人，不但不会吃亏，反而还会有意想不到的惊喜和感动。每个人的价值观、生活背景都不同，因此生活中出现分歧在所难免。有的人一旦身陷争斗的旋涡，便不由自主地焦躁起来。一方面是为了面子，一方面是为了利益，因此一旦得了"理"便不饶人，非逼得对方鸣金收兵或投降不可。然而，"得理不饶人"虽然给自己吹响了胜利的号角，同时也埋下了下一次争斗的种子。因为对方虽然"战败"了，但为了挽回失去的面子或利益，他必然要找机会借题发挥以牙还牙。

在日常生活中，切记"留一点余地给得罪你的人"，给对方一个台阶下，少讲两句，得理饶人。否则，不但消灭不了眼前的这个"敌人"，还会让身边更多的朋友疏远你。俗话说"自出洞来无敌手，得饶人处且饶人"。放对方一条生路，为对方留点面子和立足之地。这样做并不是很难，而且如果能做到，还能给自己带来很多好处。如果得理不饶人，让对方走投无路，就有可能激起对方"求生"的意志，而既然是"求生"就有可能不择手段，不顾后果，这将对自己造成伤害。放他一条生路，他便不会对自己造成伤害，即使在别人理亏时，放他一条生路，他也会心存感激，至少不太可能再与自己为敌，这是人的本性。况且，这个世界本来就很小，假若哪一天两人再度狭路相逢，假若届时他势强而你势弱，试想他会怎样对待你呢？得理饶人，也是为自己留条后路。

三国时，曹操可谓文武兼备，鞍马间为文横槊（shuò：长矛）赋诗："对酒当歌，人生几何……山不厌高，海不厌深。周公吐哺，天下归心。"当时刘备欲夺天下，藏首匿尾；孙权称孤道寡、无顾左右；唯有曹操敢写诗直抒一统天下的胸臆。

当年袁绍虎踞冀、青、幽、并四州，带甲七十万，而曹操起兵七万，以一当十，火烧敌粮，使敌自乱，取得官渡之战大捷。这正是曹操人生最得意之时。袁绍败逃黄河之北，其手下猛将张郃率重兵投奔曹操。曹操引得胜之军，陈列河上。用十面埋伏之计于苍亭再胜袁绍。将是越打越勇，兵是越打越多。此时，曹操本可乘胜再战，况且对手袁绍自官渡之败，一病缠身，呕身而死。袁家兵虽仍有四州地盘，带甲数十万，但实力大减，况袁绍两子袁尚、袁谭不和，曹操如乘胜而击，赢面居多。曹操果然打弱敌袁谭很是顺手，捎带着把前来帮忙的袁尚也打得落花流水。曹操追敌动作迅速，直打得敌军退到邺县。而最该宜将剩勇追穷寇的曹军，此刻却兵回许都，准备打南方的刘表。

该出手时却不出手，因为曹操判断，袁谭、袁尚在大敌当前时便会团结对外；而外敌一去，必会分裂内讧。后来袁家兄弟果然相互打了起来。于是曹操先收拾了袁谭，后又追打袁尚。袁尚远投辽西沙漠，又投辽东太守公孙康。公孙康砍下袁尚的头献给曹操。曹操破袁的缓兵之计，是用最小的代价获取最大的利益。

刘备称汉中王，曹操亦是联吴借刀杀关羽，使孙刘两家相互争斗，大伤国力。借刀杀人、缓兵之计、戒急用忍等，曹操的妙算，不仅仅是智慧，也是一种胸怀气量，要有得饶人处且饶人的风度。成就天下霸业如此，日常处世亦如此。

上古时代的禹，他继承帝位之后，有一次看到犯人，就开始伤心痛哭。左右的官员就问禹："为什么您伤心痛哭起来？"禹说："尧舜之时，民皆用尧舜之心为心，而余为君，百姓各以其心为心，是以痛之。"尧、舜是禹之前的两位帝王，尧舜禹是禅让，尧传位给舜，舜传位给禹，尧舜禹三位都是圣王。禹说，在先帝尧和舜那个时代，人民百姓都以尧舜之心为心，都学圣人，以圣人的存心为自己的存心。他自己检讨说，但是我当了帝王之后，百姓（他是指这个犯罪的人）"各以其心为心"，各有自己的私心，只想自己了，没有想到别人，所以才会犯这个罪。禹看到这种情形，心里很悲痛，就自己深刻地检讨，主动承担一切责任。

禹之后是夏朝，夏朝灭亡之后商朝建立。商朝的国君汤王也是一位圣人，他建立王朝之后，适逢连年大旱，五谷不收。负责祭祀的大臣说，应该用人来做牺牲、做祭品，向上帝祈雨。可是汤王没有这样做，他反而把自己头发剪下来，把自己的指甲剪断，拿这些代表自己去做牺牲、做祭品。而且自己深刻地自责，他说："这是我一个人的罪过，跟天下万民没有关系。"汤王还说："万方有罪，罪在朕躬。"朕是帝王自称，躬是身体，万方是天下。这句话的意思是，万民他们有罪，他们有不幸，这个罪是在我身上，责任在于我。不要因为我一个人的罪过使老百姓遭殃，还要拿人去做祭品，这是伤人的命。

结果这番话说完之后，百姓都非常喜悦，立即天降大雨。这是什么？圣王的德行，感召万民喜悦。万民跟帝王的心融在一起了，感应上苍，所以天降大雨。

所以我们看到，一代贤君都有这样的一种德行，都是"行有不得，反求诸己"。禹和汤能够"罪己"，把罪过归到自己，所以国家社稷能够兴旺起来。反过来我们看夏朝的最后一个帝君桀，商朝最后一个帝君纣，他们不是罪己而是罪人，也就是归罪于别人，从来不检讨自己，结果是亡朝、亡国。所以"因事相争"首先要想自己的不是，有不顺利的时候首先要反求诸己，这便能够进入圣贤之域，其妙无穷。

施惠无念，知恩报恩

◎ 我是主持人

帮助别人，是出于自己的本心。看见别人受苦落难就心中难受，不去帮助心中就过意不去，与人施惠是为了自己心安，与别人无干。

◎ 原文

施惠无念，受恩莫忘。

◎ 译文

给了别人好处、恩惠，不要总想着让人酬谢；别人对自己的帮助、恩惠，切莫忘了报答。

◎ 直播课堂

为什么要施惠无念呢？因为给人恩惠的目的并不是要人回报，而是出于仁爱恻隐的本心，儒家讲每个人心中都有同情人、关爱人的善意，这是自然而然的。比如一些地方发生大的自然灾害，全国人民自发地向灾区捐款捐物、献血出力，这哪里是为了回报呢？都是出于对灾区人民的深切同情，不这样做良心上就过不去。其实这就是孟子所说的不忍人之心，不忍心让别人受苦受难。

付出就是给予，在给予别人的时候，一方面是自身价值的体现，另一方面是一种弥漫着神圣光彩的利他行为。所以，当我们在给予别人的时候，自己的心灵就会很坦然，灵魂就会得到升华。

《弟子规》曰："恩欲报，怨欲忘；报怨短，报恩长。"人家对我们的恩德，要一辈子不忘记，常常想着报恩。哪怕是点滴的恩德，我们都要长久地、丰厚地去报答。所谓"滴水之恩，当涌泉相报"，人家一滴水布施给我们，我们要还给别人一眼泉水，这个心多么厚道。而对于怨恨一定要化解，要忘记。

汉朝时，刘邦的大将韩信就是一位能够念恩报恩之人。史书上记载，韩信年轻时生活非常困苦，常常在淮阴钓鱼，往往吃不上一顿饱饭。有一天在河边有一位老妇人，见到韩信面带饥色，好像是几天没吃上饭了，于是立即给他一些吃的，一连十几天都是这样。韩信非常感恩，跟这位老妇人许诺说："如果我日后功成名就，一定要重重地报答您。"那个老妇人听了之后不以为然地说："我并不要你来报答，给你一顿饭，说什么报答呢？"

韩信是练武之人，常常佩着宝剑上街，有一次，韩信挎着宝剑走在路上，一个人挡住了他的去路，挑衅他说："你佩着宝剑干什么，你敢杀人吗？你敢杀人你把我的脑袋割下来。你要是不敢杀我，你就从我的胯下爬过去。"韩信是很有胸襟的人，他看着这个人良久，慢慢低下身来，二话不说就从他的胯下爬过去了，围观的人都笑他胆怯。

韩信是能忍胯下之辱的人。后来他做了刘邦的大将军，作战节节胜利，刘邦封他为楚王。他当王之后，立即派人去找年轻时候遇到的那位老妇人和那个曾经侮辱过他的人。两个人都被找来了，跪在殿下，不敢仰视。韩信就命令左右，赏赐给那位老妇人一千两黄金，那位老妇人高高兴兴地拜谢而去。这是历史上有名的"一饭千金"，布施给我一顿饭，我报答你一千两黄金，这就是"受恩莫忘"。然后韩信对那个曾经侮辱过他的人说:"你还认识我吗?""认识,小人知罪!当时愚昧无知,侮辱了大王,小人知罪。"韩信就说:"我不会杀你的,这次叫你来,实际上是希望你能够在我身边做一个卫士,你愿不愿意答应?"这个曾经侮辱过他的那个人原来心中忐忑不安,以为自己必死无疑,结果韩信竟然没有杀他,还赏赐他一个职位,他当然非常欢喜,也是再三地拜谢。韩信说:"大丈夫怎么能念私怨?应该是以德报怨才对!"韩信的这种举动令手下的人都非常佩服,他真正做到了"恩欲报,怨欲忘;报怨短,报恩长"。

第七章
奉公守法,自得至乐

富国必要先富民,只有国民富裕,才有税收充足、需求旺盛,进而国力强劲。民富是国强的基础,民穷则是国衰之先兆。只有遵循这个顺序才能够使民众平安、价值体系安稳。

行善自知,不可作恶

◎ 我是主持人

做好事不留名,做好事不求名,是中华民族传统美德。这种美德,彰显了一个人乐于奉献、不计得失的名利观,彰显了一个人尊重生命、善待他人的人性光辉,彰显了一个人淡泊名利、不沽名钓誉、不贪图名利、做好事不求回报的至高思想境界。

◎ 原文

善欲人见,不是真善;恶恐人知,便是大恶。

◎ 译文

有善心做了点善事就想让别人知道,不是真正的善心;有恶心怕别人知道,这就是大恶。

◎ 直播课堂

《了凡四训》里指出:所做的好事为人所知的是"阳善";做了好事不为人所知的叫"阴德"。行阳善的人,能享世间名誉。世间名誉虽然也是福,但却为天地所忌。如果做了点善事便大肆宣扬、沽名钓誉,使名誉超过了实得而浪得虚名，说不定会遭奇祸。行善而不为人知就是积阴德，行善而不求人知道的传统美德可能就源于此。古人认为有阴德的人，上天必将赐福于他。行善出于至诚，不是为了做善人而行善，没有期望获得福报的念头，默默无闻地坚持不懈地时时处处行善，这才是真的积阴德，定会得到意想不到的福报。

《易经》云："积善之家必有余庆。"这里的"余庆"可不只是指自己一身，而是指惠及后世子孙。因此，司马光在家训中说道："积金以遗子孙，子孙未必能守；积书以遗子孙，子孙未必能读；不如积阴德于冥冥之中以为子孙长久之计。"

在历史上，一人行善积德，惠及子孙的例子比比皆是。以孔子、范仲淹为例，他们的子孙后代经历了多少朝代更替，仍受到人们的尊敬。

人都会犯错误，但犯错误也有几种：一种是无意的，一种是有意的。无意犯的错误，知道错了可以改正；有意犯的错误，你是明知故犯，那就麻烦了。但明知故犯里边有一种是因为情绪使然。比如明知杀人抵命，可是两个人闹矛盾时因为一时冲动就将别人杀了，杀完以后后悔万分，内疚自责，最后到公安机关自首，这种恶虽然是大恶，但有悔改之心。在服刑的犯人中，有一部分人是因为一时冲动而犯罪的。但是有意犯错误里边还有一类人，这些人心肠极坏，杀人放火盗奸淫都蓄谋已久，做了这些坏事根本没有一点自责愧疚，只求怎么逃脱，这样的恶就是真正的大恶。

孔子说"过则勿惮改"，犯了错误就不要怕改正。孔子的弟子子贡说："君子之过也，如日月之食焉，过也，人皆见之，更也，人皆仰之。"意思是说：君子犯错误，就像天上的日食和月食，人们都能清楚地看见。你犯错误别人看得清楚，你改过时别人也看得清楚，只要你改正了错误，人们仍然景仰你。一个人不怕犯错，只要知错能改，便是好事。孔子的弟子子夏说："小人之过也必文。"意思是说：小人犯了错误总要掩饰，一开始犯了小错，遮掩过去，长此以往，小错一个接一个，最终便酿成无法挽回的大恶。

《中庸》里讲："君子慎其独也"。所谓慎独，就是指自己独处的时候要谨言慎行，有人跟没人一个样。人能做到有人没人一个样，自然不会因为没有人看见就不做善事，也不会因为没有人看见就做恶事。行善去恶都是完善自己人格的需要，不是做给别人看的。

《了凡四训》又说："凡欲积善，决不可徇耳目。"什么是耳目？就是让别人耳朵听到，让别人眼睛看到，觉得你这是在积善，这叫"徇耳目"。更不能够自己欺骗自己，自欺欺人，那不是真正积善。"惟从心源隐微处，默默洗涤"，我们要从自己的内心深处默默地洗去那些自私自利的念头。"纯是济世之心，即为靖"，靖就是直，正直的心，大公无私。"苟有一毫媚世之心，即为曲"，即在行善的时候，里头夹杂着一丝一毫媚世之心，这个心就弯曲了。媚世是什么？讨好，讨好世人，让别人知道，你看我是善人，我是慈善家。有句俏皮话说得挺有意思的："慈善家，慈善家，慈善起家。"用慈善事业来图名图利，这就是媚世之心。

"纯是爱人之心，月为靖，有一毫愤世之心，即为曲"，就像薛包（东汉汝南人，安帝时著名孝友）对他的弟弟，纯是爱人之心，没有丝毫怨恨，他弟弟要求分家，他把好的都让给他们，没有丝毫计较，这是没有愤世之心。"纯是敬人之心，则为靖；有一毫玩世之心，即为曲"，这个心纯是敬人，尊敬别人，我行善，我积德，我对别人是一种恭敬的心，没有丝毫玩世之心。

和谐融洽，奉公守法

◎ 我是主持人

内部和谐，再强的敌人也不敢轻易地欺侮，为什么呢？上下团结的力量太大了。

◎ 原文

家门和顺，虽饔飧不继，亦有余欢。

◎ 注释

饔：早饭；飧：晚饭。

◎ 译文

如果家庭和和睦睦、开开心心，人人关系融洽，虽然在生活困难一些，但在精神上也有高兴的事情可以共享。

◎ 直播课堂

朱柏庐提出和顺治贫的方法：一家人只要生活得和和睦睦、开开心心，即使上顿不接下顿，也会有家庭的欢乐，有天伦之乐。《论语》也讲

"礼之用，和为贵"。人生活在世间，不能离开社会，不能离开大众而独自生存。

五代时，有个人叫张士选，从小父母就过世了，长辈中只有叔父一人，靠着他的叔父养育他，他祖父遗留下来的家产也都还没有分拆过。叔父有七个儿子。等到张士选十七岁的时候，叔父对他说："你现在已经长大成人了，我们把你祖父遗留下来的家产一分为二，你一份儿，我一份儿，你觉得怎么样？"

张士选说："叔叔家有七个儿子，因此应当分成八份。"叔父坚持不肯这样分，张士选也坚持不肯那样分。他愈让愈厉害，因此他的叔父也就答应他了。这时候张士选还在书馆里读书。有一个看面相的，偶然走到书馆里来看见了张士选，就指着张士选对书馆里的先生说："今年高中状元的，一定是这位少年。"考生们听到这话都大笑不已。相士说："做文章的事情我不懂，但这位少年脸上充满了积大阴德的气象，所以我敢断定他必中状元。"同年，张士选进京赶考，果然中了状元。

《大学》里面讲："德者本也，财者末也。"有德之家就能和顺，和顺便能生财，而和顺的基础又在于孝悌，《孝经》里面告诉我们，孝能够使天下都和顺，上下都无怨，更何况是一家。所以，以孝治家，家门就和顺了。以孝治天下，天下就和顺了，就是和谐世界。看到张士选一家，他对叔叔如同对父亲一样孝顺，叔叔对他也如同对自己亲生儿子一样慈爱，父慈子孝。兄弟之间能够和睦，"兄弟睦，孝在中"，所以基础还在于孝悌。

在《德育古鉴》里讲到这样一个故事：

浙江昌化有一家姓章的，兄弟两个人都没有儿子。于是这个哥哥就去抱养了同族的一个小孩当儿子，希望有香火延续。不久，这个哥哥也有了自己亲生的儿子，于是弟弟和弟媳妇就向哥哥请求说："哥哥，您现在已经有了亲生儿子了，可不可以把您抱养的这个儿子送给我们？"哥哥把这话告诉了妻子，这妻子就说："我们没有儿子的时候，要抱养人家的儿子。

自己有了儿子又抛弃了人家的儿子，别人会怎么样看待我们？这属于不义，况且新生子还不一定能够保得住。"最终还是留下这个抱养的孩子。可是弟弟一再请求，因为想到哥哥一家养两个儿子不容易，他要帮助哥哥抚养一个抱养的儿子。结果嫂嫂就说："这样吧，为了不违背弟弟和弟媳的心愿，我们宁愿把亲生的儿子给你们。"弟弟与弟媳当然不同意。嫂嫂就说："这个孩子固然是我生的，但是我们同族的儿子，不也如同儿子一样吗？怎么可以有分别？"

我们看到这一家人，兄弟之间、妯娌之间，能够这样和敬，互相关怀，互相帮助，真是难能可贵。后来，这家的两个儿子都考上了进士，又都为父辈生了两个孙子，而且全都考上进士，也就是出了六名进士，这才真正像古人讲的以和为贵。

国课早完，自得至乐

◎ 我是主持人

"国课"是指百姓应当上缴给国家的租税。早完成国家的钱粮课赋，不欠租税，没有了思想负担，即使口袋里没有盈余，身无分文，自己心中也能自得其乐。这句话的要旨是告诉人们要营造一个和顺欢乐的家庭，同时更不能忘记国家，有了为国家服务的意识，幸福感自然随之而来。

◎ 原文

国课早完，即囊橐无余，自得至乐。

◎ 注释

国课：国家的赋税。

囊橐：口袋。

◎ 译文

不欠国家的租税，即使口袋里面没有什么钱，心里也自得其乐。

◎ 直播课堂

中国是农业古国，国家财政主要来自农业税收，哪怕是读书人也要耕田种地，叫耕读传家。耕地则必须缴农税，这是每个人都要尽的义务。无国则无家，个人的家是小家，国家才是大家。只有国家好了，老百姓才能好。抗战时国破家亡，小家再好也只得颠沛流离，所谓"既处覆巢焉得完卵"。打烂了的鸟巢中还有完好的鸟蛋吗？所以纳税是每一个公民都要做的事。把税缴了心安理得，即使自己口袋里所剩的钱粮不多，心中也是很快乐的。这深刻反映了中华文化中强烈的集体主义精神，随时将个人利益置于群体利益之中，而不是将个人利益凌驾于群体利益之上。税收是国家对财富再分配的过程，有了稳定的税收，国家才能拿这些钱去办教育，搞福利。所以，个人缴税就是在帮助那些需要帮助的人。家是每个人的依靠，国是每个家的依靠，个人想生活得幸福必须家庭和睦，家庭要兴旺必须国家富强。

纵观历史，民富是国家强大的基础。自古以来中国就有民不富则国不强的提法。把"民富"与"国强"放在一起，大约出自汉朝历史学家赵晔

《吴越春秋·勾践归国外传》："越王内实府库，垦其田畴，民富国强，众安道泰。"他把"民"放在"国"的前面，把"民富"放在"国强"的前面。荀子说："下贫则上贫，下富则上富"。反观中国历史上的盛世朝代，从文景之治、贞观之治到康乾盛世，无不是采用了休养生息的经济政策。一个成熟的国家，必然是一个"民富国强"的国家。

志在圣贤，为官利国

◎ 我是主持人

儒家认为：读书在于使自己成为一个具备圣贤之心的高尚的人。古人强调一个"圣人"，应当做到"修身、齐家、治国、平天下"。用今天的话说，就是做官一定要为百姓、为国家着想。

◎ 原文

读书志在圣贤，徒非科第；为官心存君国，岂计身家。

◎ 译文

读书是以学习圣贤为志向的，不仅仅是为了富贵前程；做官的时候心里要有国君和国家，怎能计较个人和家庭的得失。

◎ 直播课堂

《左传》言："太上有立德，其次有立功，其次有立言，虽久不废，此谓不朽。"就是说人生最大的基业就是立德，树立崇高的品德；其次是立功，为天下苍生建功立业；最次是立言，如果你不能建功立业，那也应著书立说，将你的思想学说留传下来。这三者中立德是根本，没有伟大的人格，不可能建立奇功伟业，没有崇高的品德，不可能写出伟大的著作。

鲁国有个大夫，名叫臧文仲，他屡建奇功，多有高论，他死了以后，他的话仍然流传后世，发挥作用，这才算作死而不朽。而在先秦众多思想家中，能够全面实现此"三不朽（立德、立功、立言）"者，唯有管仲一人而已。

在春秋战国时期，诸子百家多为布衣之士，他们笔下纵有千言，手中却无寸柄，因而也就无力贯彻自己的政治、经济主张，无从检验自己理论的正确与否，更没有机会在实践中证明自己思想的真理性，但唯有管仲和商鞅这两个人例外。管仲和商鞅不仅有自己的一套思想，而且身居要职，手握重权，因而就有贯彻自己的主张、躬亲实践自己理论的机会。更重要的是从实践的结果看，二人均获得了极大的成功。

史载，管仲辅佐齐桓公，"九合诸侯，一匡天下"，使齐国成为春秋时期第一个霸主。而秦孝公用商鞅，"移风易俗，民以殷盛，国以富强，百姓乐用，诸侯亲服，获楚魏之师，举地千里"（《史记·李斯列传》），"故秦无敌于天下，立威诸侯"（《战国策》卷三），为秦灭六国、统一中国奠定了牢固的基础。而如果再进行一番比较，商鞅虽然事业上成功了，但从个人角度看，他又是失败者（最后被保守势力车裂而死）；而管仲则不然，他在位的时间长达40余年，功成名就，既是学识渊博的思想家，又是政绩斐然的政治家，可以说是先秦诸子中唯一成功的典范。即使在今天，管仲的思想遗产也仍有借鉴意义。

在政治方面，管仲特别强调建立一套严格的考核、任命和提拔各级官吏的办法。古人云："圣人治吏而不治民。"《管子》的许多篇章都讨论到这个问题，管仲主张在官吏的任命与管理上，要"以劳受禄""受禄不过其功""故明主之治也，明分职而课功劳""案其功而行赏，案其罪而行罚"。他还激烈地批评以下三种不良现象："一曰德不当其位，二曰功不当其禄，三曰能不当其官。"他认为这三种现象都是国家的大患、动乱的根源。他提出的用人原则是："德义未明于朝者，则不可加于尊位；功力未见于国者，则不可授以重禄；临事不信于民者，则不可使任大官。"用今天的话说就是在任命一切官员时，都必须根据其实际的政绩，特别是要有取信于民的真实政绩，而不是虚假的、表面的政绩。此外，他还总结出一套对于各级官员实行奖惩的具体办法。

在经济方面，管仲把富民放在首位。他说："凡治国之道，必先富民。民富则易治也，民贫则难治也。"他还说过一句传诵千古的名言："仓廪实则知礼节，衣食足则知荣辱。"两千多年来，这句名言曾经被中国历代进步的思想家反复传诵不绝，也被历史上一切开明的政治家奉为圭臬之论。在古代，农业生产是国民经济的支柱产业，历来为一切有为的统治者和思想家所重视，管仲与其他绝大多数思想家不同的地方在于，他不仅重视农业生产，同时也十分重视工商业。这正是他比先秦的其他思想家更高明、更睿智的地方。他说："无市，则民乏矣。""无末利，则本业何出？"因而管仲认为，农、工、商各业必须同时兼顾，"务本饬末则富"。即以农为本，大力发展农业经济，同时整顿工商业市场，严厉禁止奢侈品生产的泛滥，以提升国民生活质量，积聚国家经济实力。管仲之所以有如此高明的见解，原因大概有二：他在从政之前，曾经营商业多年，因而积累了丰富的感性知识和实践经验，而主要原因在于，他施展才干的政治舞台不是地处偏僻的西部内陆地区，而是面临大海、经济比较发达的东部齐鲁大地。辽阔浩瀚的大海拓展了这位思想家的胸怀和眼光，丰富的实践经验让其思想更加深刻。

在社会政策方面，管仲特别重视调节贫富差距，他主张治理国家要"上下有义，贵贱有分，长幼有等，贫富有度"。他认为："夫民富则不可以禄使也，贫则不可以罚威也。法令之不知耻。"他还认为统治者的首要任务就是及时地调节社会贫富："散积聚，钧羡不足，分并财利，而调民事也。"如何调节呢？他的办法是"长者断之，短者续之；满者洫（xù：田间的水沟）之，虚者实之"，"富而能夺，贫而能予，乃可以为天下"。如何夺富予贫呢？他提出了以下措施：向富者征收消费税；限制富人进入某些行业，以免与民争利；间接运用行政手段，以迫使富人拿出其财物等。同时，对贫者要"厚其生""输之以财""遗之以利""竟其政""匡其急""振其穷"。此外，管仲在对外贸易、货币和价格，粮食等许多方面都有深刻而精彩的论述，这些论述集中在《管子·轻重篇》里，为后人留下了宝贵的思想财富。

下篇 《朱子家训》深度报道

第一章
成长的智慧

　　成长是一个不断选择的过程，面对人生无数个岔路口，每个人都必须作出自己的选择。选择了坚强，就放弃了懦弱；选择了奋斗，就放弃了安逸；选择了独行，就放弃了跟随……我们要学会选择，学会成长。

找准自己的位置

战国时期,有一个鲁国人很擅长编草鞋,而他的妻子则十分擅长织白绢。可是,由于鲁国是一个小国,且做这一行的人比较多,他们的生意并不怎么好,只能勉强维持生计。

这样的日子,让这个鲁国人很不满。他心想:以自己做鞋的技艺,如果到其他国家去,一定大有所为。一天,他对妻子说:"咱们待在鲁国也不是个办法,长期下去,估计会饿肚子,倒不如趁现在还有些盘缠,去越国那边发展。"他的妻子听后,觉得很有道理。于是,夫妻俩收拾行装,准备出发。就在这时,一位友人前来拜访,见他们整装待发,便好奇地问:"你们夫妇这是准备去哪儿?"

"在鲁国混不下去了,我们准备去越国看看。"他无可奈何地回答说。

"越国?你们去那儿能做什么?只会更加贫穷。"朋友劝慰道。

"为什么呢?难道以我们的技艺会在越国没有饭吃?"他有些生气地说。

朋友没有直接回答他,而是反问他们最擅长做什么。

"这还用问,当然是编草鞋和织白绢了!"他淡淡地说。

"草鞋是用来穿着走路的,而越国人习惯光脚行走,根本不需要鞋子;白绢是用来做帽子的,而越国人习惯披头散发,帽子对他们来说毫无用处。如今，凭借你们的长处，到用不着你们的地方去，你们认为会有所为吗？"

后来，这个鲁国人听从了朋友的建议，去了齐国。在那里，他们夫妻俩充分发挥自己的特长，草鞋和帽子都十分畅销。随后，他们又不断地将自己的生意做大做强。没过几年，这对鲁国夫妇就过上了富裕的生活。

生活中，有多少人能像这个鲁国人一样发现自己的长处，并找到自己的最佳位置呢？任何一个人都有自己的长处，但不是每个人都能发挥自己的长处，取得事业的成功。事实上，不少人才就是被不适合自己的环境埋没了。一个人光是有所长还不够，还得找到一个适合自己成长的环境，一个能施展自己才华的平台。我们都知道，团花树是世界上生长最快的树，被誉为"奇迹之树""宝石之树"，是发展人工造林最理想的树种。但是，如果把团花树放到沙漠里，它很快就会干枯，其价值还不及普通的白杨。

橘生淮南则为橘，生于淮北则为枳。同样，一个人在不同的环境下，取得的成就大小也有天壤之别。因此，当你发现所选择的土壤不适合自己生长时，你唯一需要做的就是及时身退、重新选择，因为很多时候，不是因为你不行，而是因为你没有选择自己的最佳位置。

不要轻易哭泣

西汉本始二年（公元前72年），汉宣帝下了一道诏书，想把祭祀汉武帝的"庙乐"升格,以大力颂扬他曾祖父的丰功伟绩。公卿大臣们立刻表示衷心拥护,不料长信少府(皇太后师父)夏侯胜却站出来说"武帝虽有攘四夷广土斥境之功,然多杀士众,竭民财用,奢泰亡度,天下虚耗,百姓流离",结论是"不宜为立庙乐"。这无异于是对皇帝权威的公然挑战,丞相、御史大夫等人立刻行动起来,联合弹劾夏侯胜"非议诏书,毁先帝",丞相长史黄霸因为不肯在奏章上签名,也被以"不举劾"的罪名一道上报给了皇帝。于是,他们很快被以"大逆不道"的名义逮捕下狱,判为死罪,等待秋后问斩。

在冰凉血腥的监狱中,夏侯胜不免心灰意懒。他素来性情耿直,不会曲意逢迎,如今不过说了句实话,便受此大辱,想想皇上的寡恩,想想人生的无常,夏侯胜的郁闷可想而知。

事实上,那个什么都没说、什么都没做的黄霸应该更冤,可他生性乐观,似乎一点也不在意眼前的一切。他早就知道夏侯胜是个大儒,很想跟他学习《尚书》,只是一直无缘亲近,没想到因意外的灾祸被关进了同一间牢房,他心想:自己身为官吏,却没有深入研读过经书,原来天天忙工作没有时间,现在时间也有了,而良师近在眼前,为什么不赶紧补上这一课呢?

当他向夏侯胜表明求教之意时,夏侯胜不禁苦笑连连,他说:"咱们都犯了死罪,秋后就要被处死了,现在读经有什么用?"

黄霸说:"孔子有言:'朝闻道,夕死可矣。'人应该活在当下,抓住现在,学有所得,心有所悟,今天就是快乐的,何必管虚无缥缈的明天呢?"

夏侯胜听了,精神为之一振,内心大为感动,当即答应了黄霸的请求。从此两个人席地而坐,每天夏侯胜都悉心向黄霸传授《尚书》。黄霸尽心听讲,不懂就问,二人日夜讲学津津有味,研读到精妙处,时不时还抚掌大笑。弄得监狱的看守过来察看,结果是一头雾水,搞不懂两个将死的人为什么这么快乐。

秋天转眼就到了，看到树上的黄叶飘落，有人提醒汉宣帝夏侯胜和黄霸的死期到了。汉宣帝于是派人到囚狱中调查这两个人是否心中哀痛，有悔改之意，回报说他们每天以读书为乐，面无忧色。汉宣帝心中不满，但也感叹二人之贤，不忍杀之，以至此案久拖不决。

虽然身在监牢之中，决意活在当下的夏侯胜和黄霸心无阻碍，没有什么能够束缚住他们。随着时光的流逝，他们的学问研究得愈益精到，思想有了长进，精神更加充实。

两年后的一天，关东四十九个郡突然发生地震，山崩地裂，墙倒屋塌，死了六千多人。统治者认为，这不仅是自然灾害，而且是上天对世间存在冤案的警示，汉宣帝不敢怠慢，一边赶紧赈灾，一边宣布大赦天下。夏侯胜和黄霸由此得以出狱，更让他们惊讶的是，他们并没有被逐回老家，而是直接被宣进朝廷，夏侯胜被任命为谏议大夫，留在皇帝身边，黄霸为扬州刺史，外放做官。

真是留得青山在，不怕没柴烧，一场意外的地震让两个人获得了新生。后来，夏侯胜以正直博学做了太子的老师，九十岁逝世，为谢师恩太后为他穿了五天素服，天下儒生都引以为荣。黄霸以精明干练、政绩卓著名扬天下，后来官至丞相，史书评价他，自汉朝建立以来，才能卓异的丞相很多，但论到治理百姓，则"以霸为首"，是要将他排到第一位的。

谁能想到，夏侯胜和黄霸命运的转折点，竟然是牢狱之灾。只是从风光无限的士大夫，一下子沦落成了监牢中的死囚，这个转折也太大了点，大得让人难以适应。一般人可能就此抑郁而终，可他们懂得人生的意义就是活在当下，从而在黑暗而恐怖的地方，每天都传出了朗朗的读书声。

一个人不可能总能赢，重要的是在跌倒时，自己不要认输。

良好习惯的重要性

黎明即起，洒扫庭除，要内外整洁。既昏便息，关锁门户，必亲自检点。

黎明是一天的开始，既昏是一天的结束，所以《朱子家训》开篇就讲这两个问题。"黎明即起"说来简单，却培养了一个人良好的生活习惯。健康向上的生活从天亮一起床就拉开了序幕。起床以后首先要做什么呢？就是"洒扫庭除"。关于"庭"字，清朝注解《说文解字》的著名文字学家段玉裁讲："室之中曰庭。"清朝"说文四大家"的另一位朱骏声也讲："堂、寝、正室皆曰庭。"庭就是指的室内。除指台阶，这里代指室外的阶沿院子。

"洒扫庭除"是要把屋里屋外收拾整齐。整齐是什么？整齐即是有序，儒家文化的核心就是要建序，建立家庭的秩序、社会的秩序、国家天下的秩序、人伦道德的秩序。将屋内外收拾整齐，看似小事，其实是养成有序的生活，这种有序的生活反过来也就陶冶了人的心灵，使人的心灵有序。这清扫洁净的过程就是去恶扬善、求是格非的过程，人生就是不断清洁自己内心的过程。唐代禅宗祖师神秀说："身是菩提树，心如明镜台。时时勤拂拭，莫使有尘埃。"其实这首佛家的偈语也正说明了保持心灵清洁的重要。

"既昏便息","既"当已经讲,"既昏"即过了黄昏,天黑了。"黎明即起""既昏便息"看起来简单,但这恰恰是中国人顺应天道的观念的体现。所谓"道法自然",就是人间的秩序要效法大自然的规律。早晨太阳升起,人应与太阳一起运动,夜晚太阳落下,阴气升起,人则应休息,就是所谓"日出而作,日落而息"。与天地同步的结果,即是获得健康。而现代社会许多人白天睡觉、夜晚兴奋玩乐的作息是既违反天道又损坏健康的。"关锁门户",古代的门有门与户之分,单扇开的叫户,双扇开的叫门。关锁门户必须亲自检点,是培养人严谨的生活态度,当然也是治理家庭的重要原则。另外,清晨是阳气开放的时候,夜晚是阳气闭藏的时候,人效法天道,所以清晨要开门,夜晚要关门。

《朱子家训》开篇短短26个字,从作息洒扫这些日常最简单的事情开始讲起,教导人们尤其是青少年在不经意的生活小事中培养顺应自然、健康向上的生活作风,养成良好有序的生活习惯。

粒粒皆辛苦

一粥一饭,当思来处不易;半丝半缕,恒念物力维艰。

丝是蚕丝,缕是棉线。我们每吃一顿饭,不论干饭稀饭,都应当想到它得来不易;哪怕用半根线半根丝,也要常想物资生产的艰难。恒当常讲。这两句话对我们中国人影响极其深远。大画家齐白石老人更是终生念叨这两句话，到了名满天下时还是异常节约。现在我们国家蒸蒸日上，物质极大丰富了，而随之而来的浪费也异常严重，每天餐厅里的剩菜剩饭，学生食堂里扔的馒头面包，小区垃圾堆里被丢弃的上好衣物真是惨不忍睹。这些浪费的人都说：这是我的钱买的，我想怎样就怎样。其实他们不知道我们浪费的东西既有生产这些东西的人力，更有大自然的造化之力。唐朝诗人李绅有一首名诗："锄禾日当午，汗滴禾下土。谁知盘中餐，粒粒皆辛苦。"我们吃的每一粒粮食都是农民经过春夏秋冬四季辛苦耕耘种出来的。夏天，当城里人都争着进空调房的时候，农民还顶着烈日在田地里劳作，汗水大颗大颗流；冬天，城里人都在烤暖气的时候，农民还在寒冷中灌冬水田，这时汗水也能湿透衣衫。

北宋诗人张俞有一首诗："昨日入城市，归来泪满襟。遍身罗绮者，不是养蚕人。"读这首诗我们也就知道养蚕人的艰辛。有人曾写下这段文字：我在乡下当农民的时候，一个初夏的午后，到一个远房表姨婆家去。她家门开着，门口用几个竹簸箕拦着，我进去了，屋中没人，屋里的大方桌、长板凳、床上放着一簸箕一簸箕的蚕。我看了一下蚕就走了，忘了将门口的簸箕拦回去。未想没过多久，表姨婆就跑来很心痛地对我说，她辛辛苦苦养了几个月，日夜守候，眼看就要吐丝的一条条肥蚕子，就因我忘了拦门，鸡跳进去，一时间被吃了几十条，表姨婆说这几十条蚕子要吐多少丝呀。事情过去十多年了，表姨婆见了我还在说这事。这半根丝也是来得多么不容易呀。

一粒饭半根丝尚且如此，那么其他物品又何尝不是人们用心血铸成的？再说造化之力，凡是我们吃的东西，哪一样不是从大自然来，而且不管动物植物，都是有生命的；我们在吃它们的时候，就已经是牺牲他物来成全自己，如果再浪费，那就是极大的罪过了。现在地球上的资源越来越匮乏，若再不节约，以后我们的生存都成问题。现在的一次性用品，就是对地球资源的极大浪费。一次性筷子要浪费多少木材？一次性毛巾要浪费多少棉花？97岁的国学大师杜道生先生说，一次性物品来自海盗文明，海盗在茫茫大海上航行，为了减轻船重，他们的东西用了就扔。中国本身人口就多，消耗就大，再用一次性产品，再浪费，将来就无法承受了，这不能不引起大家的深思！目前国家明确提出科学发展观，构建节约型社会，那怎么构建节约型社会呢？这就需要从我们每个人、每个家庭做起。如我母亲操持家务就非常节约，在餐馆吃饭，但凡有剩的饭菜，不论多少，母亲都要打包，我也如此。她还总是教导我随手关灯，特别是对水的使用。她说淡水缺乏已经成了地球上一个严重的问题，这节约并不是吝惜钱财，而是对资源的爱惜。母亲特别珍惜水。洗菜的水浇花冲地，洗衣机放出来的水都用容器盛着。她认为抽水马桶每冲一次便，都要用许多白花花清亮亮的水，洗衣机洗衣用水也很多，太可惜了。所以她把洗头遍衣服的水用来拖地冲厕所，清洗的水再洗下次衣服的头遍。其实很多家庭也有不少勤俭节约的做法，不过大家还应将其从感性认识上升到理性认识，从不自觉上升到自觉。要认识到节约是美德，这种美德怎样培养？就从"一粥一饭，当思来处不易；半丝半缕，恒念物力维艰"做起。

人无远虑，必有近忧

宜未雨而绸缪，毋临渴而掘井。

绸缪，当缠绵讲，引申为修补。未雨绸缪这个典故出自《诗经·

豳风·鸱鸮》，其诗云："迨天之未阴雨，彻彼桑土，绸缪牖户。"鸱鸮，是猫头鹰一类的鸟。牖，表示窗子，户指门，牖户这里代指窝巢。诗句的意思是：鸱鸮在未下雨的时候就啄剥桑树皮，修补窝巢。后来"未雨绸缪"就比喻做什么事情都预先准备，防患未然。

毋，当不要讲。临渴这句的意思是不要到了口渴的时候才去挖井。真是到口渴才去挖井，等井挖出来了，人也渴死了。后来"临渴掘井"就比喻事到临头才想办法。这两句反映了中国人重视预防，强调事先准备的远虑观念。孔子云："人无远虑，必有近忧。"《黄帝内经》讲："圣人治未病，不治已病；治未乱，不治已乱。"意思就是说好医生教人预防调理，让人不生病，而不是等到人病得很严重了才去治疗；圣人在天下未乱时就治理好天下，而不是等到乱了再去治理。在这种理论下就形成了中医注重预防养生的保健思想。中国老百姓都讲家要有积蓄，存钱的目的就在以备临时急用。其实这也是"未雨绸缪"思想的体现。齐家是如此，治国又未尝不是如此。甲午海战，清政府小看日本，没有做充分的备战工作，是其失败的重要原因之一。人对什么事情都有准备，那么不管发生什么事，都可以从容应对，不会手忙脚乱。不然则如佛家说的："平时不烧香，临时抱佛脚。"

另外，当代人常说"机遇只垂青那些有准备的人"。也就是说，每个人平时只要不断充实丰富完善自我，一旦有用武之地，就可以展现才能，为国家、民族做事出力。如果你平日什么准备都没有，要学问无学问，要能力无能力，要技术无技术，要手艺无手艺，要德行无德行，即使有机会，你也没办法抓住。

节俭之美

自奉必须俭约，宴客切勿流连。

这句话的意思是说自己的一切所需必须节约，宴请客人不要留恋，舍不得完结。中国文化追求有节制的中和之美，既不讲纵欲，也不讲禁欲，讲"发乎情，止乎礼"的节制。节制从哪里开始？就从个人的生活开始。儒家文化并不否定人的欲望，认为人基本的物质需求是应满足的，但不能放纵，必须有所节制。一旦放纵，人的欲望就没有止境了。酷暑时，人们最早用手、纸扇、蒲扇纳凉，继而用电扇，再而用空调，现在恨不得把整个城市都用空调罩起来。故而人的欲望被放纵时，随之而来的就是自私、贪婪、罪恶、骄奢淫逸，最后人被物质异化，变成了物质的奴隶甚而成为失却良心的魔鬼。西方现代派文学艺术就深刻揭示了人在不断追求享乐时人性的异化和扭曲。我们中华先圣早就看到了这点，所以一再告诫我们不要贪图物质的享受，重要的是提高人的精神境界。人的精神境界提高了，不管外界条件怎样，他的本性都不会改变。像孔子最喜爱的弟子颜回，吃着粗茶淡饭，住在陋巷里，人们都觉得他太苦了，他却丝毫不改变他快乐的精神状态。孔子对颜回的评价是非常高的："贤哉，回也！一箪食，一瓢饮，在陋巷。人不堪其忧，回也不改其乐。贤哉，回也！"

传统的读书人大多生活俭朴，若到全国众多大学的不少老知识分子家去看一看，大家就会得到一个惊异的结论，原来他们的生活是那样俭朴，简直超出大家的想象。他们的成就和对国家民族的贡献与他们的俭朴生活形成鲜明对比。女作家宗璞回忆他的父亲大哲学家冯友兰先生时说，冯老自奉极其简约。从85岁到95岁，完成150万字皇皇巨著《中国哲学史新编》时期，宗璞照顾他的生活。宗璞自己也是知识分子，不擅做家务，煮的饭菜不是咸了就是糊了，朋友们都惊讶他们家饮食粗糙。但不管多难吃，冯先生都吃得津津有味，从不挑剔，也从没有一句怨言。国学大师杜道生先生更是俭朴，一件中山服穿了40余年，裤子补得疤上重疤，学校分的教授楼自愿让给别人，自己却住中文系弃置的办公室，睡的还是20世纪50年代的上下铺木板床。直到今天，家里唯一的电器还是一盏电灯。先生的积蓄都拿来印各种圣贤经典，免费送人，以传播文化。和这些为社会做出巨大贡献而自奉如此节约的老学者比起来，当今那些只追求个人享受的年轻人，能不感到惭愧吗？

"宴客切莫流连"，也是讲要有节制。宴请客人本是件好事，是亲戚朋友交流感情的好时光，但如果沉溺其中，醉酒划拳打麻将，搬弄是非，没完没了，就适得其反，变成亵渎感情、破坏感情。现在更有许多人以应酬为名，沉溺于声色犬马，这就要不得了。另外许多人把宴客搞得很庸俗，宴客的内容就是吃喝打麻将，或者把宴客当成拉关系、谈生意、办事情的手段。其实亲人聚会就应该拉拉家常，互相问候关心。以亲情来温暖大家的心灵。家里的老人年岁大了，行动不便，接触有限，家庭宴聚的时候年轻人就应将自己在外面的所见所闻、心得体会多讲给老人听，老人也应将自己的人生经验、教训、感悟告诉给儿孙。平辈之间可多交流各自在工作、学习、生活中的体会困惑，相互启发，也可就整个大家庭成员都关心的话题，或经济或政治或健康或文艺或体育或某件事，各抒己见，交流认识，也可以大家唱歌跳舞，自由表演节目。这样的宴聚真正能使人交流感悟，沟通思想，对健康也很有益处。朋友的聚会也应如此，青年人可以谈理想，谈人生，切磋学问，砥砺人格；中年人可以谈事业，谈家庭，交流子女教育，探讨孝敬老人；老年人可以忆往事、怀友谊，学习养身之道，关切夕阳晚景，交谈议论。在欢声笑语中体现出人与人之间真诚的关怀与温暖。"自奉必须俭约，宴客切勿流连"是两条戒语，如果我们真正体会了其中的深意，有了正确健康的人生观、世界观，这两条戒语就不难做到了。

倡导勤俭的人生观

器具质而洁，瓦缶胜金玉；饮食约而精，园蔬愈珍馐。

上一句是宏观地讲"必须俭约"，这一句是具体地讲怎么俭约。质指质朴。瓦缶即瓦罐。胜当超过讲，约当俭约讲，精作精当讲，这里指营养搭配得当。馐读 xiū，珍馐表示珍贵而精美的食品。愈，也当超过讲。胜和愈都表示超过，这句话的意思是：家庭中的器具应当质朴干净，这样即使是瓦罐也胜过（金玉制的）贵重器物；饮食应当样量少而精当，这样蔬菜反而超过珍贵的食品。

为什么器具要质朴呢？中国传统文化以自然质朴为美的最高境界。富丽堂皇、镂金雕玉固然美，但却是美中的下品。自然质朴之美是含蓄内敛的美，中国文化讲中和，追求含蓄内敛，瓦罐质地朴实内敛，自然胜过珠光宝气的金玉之物。使用的器具也体现出主人家的境界、追求、品格。所谓"满壶水不响，半壶水响叮当"。真正富有的人并不处处以金玉自炫。像清朝同治中兴名臣曾国藩，出将入相，但他坚决不准家人挂相府的匾额，生活物用一律要求朴素。而处处追求金玉的人往往是暴发户，文艺作品中刻画的那些暴发户形象，就是十个手指头都戴上金戒指，两耳金环，更有甚者恨不得将满口好牙撬了，全装上金牙。另外，除了质朴，还要干净。不管瓦缶还是金玉，只要脏了，都不好看。美总是和洁净相连的，母亲从小就教育我，衣服不一定要穿多华丽，干净整洁是最重要的，再华丽的衣服，只要是脏的都难看。干净整洁是一个人良好精神面貌的体现，也是一个人良好生活习惯的反映。

"饮食约而精"，关键并不在花样多，合理搭配才重要。怎样搭配法呢？肉与蔬菜的比例、饭与菜的比例、各种营养兼收很重要。凡是食草动物都是平牙，凡是食肉动物都是尖牙，人是既有平牙又有尖牙，所以人是食肉动物又是食草动物，但肉与素有个比例，什么比例呢？人的尖牙只有4颗，平牙有28颗，二者的比例是一比七。故吃肉与吃素的比例就应该是一比七，也就是说七天吃一回肉是最符合天道而有利于健康的。饭与菜的比例呢？孔子说："肉虽多，不使胜食气。"意思是说菜吃得再多，也不要超过饭。各种营养兼收，则需要经常更换不同的品种，不能说这一样菜好吃就天天吃，那一样菜不喜欢吃就不吃，各种菜都要吃，才能满足人体所需的不同营养。现在随着物质的日益丰富，很多人认为山珍海味、鸡鸭鱼肉就有营养，就健康。恰恰相反，当今的许多病，像高血脂、高血糖、脂肪肝等都是营养过剩引起的，这就是"园蔬愈珍馐"的道理。

唯有读书高

"子孙虽愚，经书不可不读"，意思是子孙即使愚笨，经典书籍也不能不教他们读。经和书也是有区别的，经是被朝廷认定的儒家经典，书就是一般的书籍。中国的儒家经典是在汉武帝时确立的，从汉武帝到北宋，朝廷认定的儒家经典共有十三部，称为儒家十三经。而民间通行、影响最大的则是四书五经。四书五经几乎是传统中国读书人的必读书，承载着我们中华民族的宇宙观、世界观、人生观、价值观，决定着中国人的思维方式、行为准则、处世态度、立身标准，甚至风俗习惯。读这些经典，能让人明白宇宙人生的道理，寻到通向人生光明的道路，开启除迷去惑的智慧。正如佛家所云："深入经藏，智慧如海。"深入到经典中去学习钻研，可以收获如海的智慧。

书是指儒家经典以外的子、史、百家诗文、小说等。读经典能涵养人格气象，形成基本的价值观，提高人的境界，而读其他各种书籍，则是为了丰富人的知识学问，增广见闻，陶冶性情。读经是生长树干，读书是生长枝叶，读经是构建框架，读书是充实血肉，二者都是必要的。只读经的人容易板正，只读书的人容易枝蔓，故而二者要结合读。一个人要由粗俗变斯文，由野蛮变文明，由愚昧变智慧，由刚暴变温润，由紊乱变有序，由蛮横变明理，陶冶性情以脱胎换骨，必须要读经和书。

第二章
修心是一门艺术

　　修心的人就是改变命运的人。常人追求美好的东西、美味的食品、爱情……却不知道美好也会伤人。好吃的东西吃多了，以后就再也不能吃了。真理讲的是心，不能离心找身外的原因。有不染之心才能有不染之身，让自己成为命运的主人。

仁、义、礼、智、信

刻薄成家，理无久享；伦常乖舛，立见消亡。

刻薄指冷酷无情，过分苛刻；乖舛在这里指混乱；伦常则指人与人关系的常理。古代的人伦主要有五种，即君臣、父子、夫妇、兄弟、朋友，称为五伦。五伦中君臣关系是由父子关系推演出来的，朋友关系是由兄弟关系推演出来的。而在家庭中，伦常主要是指父子、兄弟、夫妇。这里顺便说一下，五常和五伦是不同的，五常指人们在日常生活中所应守的仁、义、礼、智、信五种基本道德。这句话连起来就是说：用刻薄的态度来发家或治家，家庭是不会长久平安吉祥的；而家中伦常都混乱了，这个家庭很快就会解体。

用刻薄的方法、态度来发家，是将发家致富建立在对别人的剥削压榨上，这样发的家是不会长久的。以前有些恶霸地主对农民太刻薄，最终自己也没有好下场。

首先对下人不要刻薄，事事挑剔，不然跟前边讲的一样，也会积下许多怨恨。而且下人本是弱者，就应多给予关心、理解、宽容。现在很多人抱怨保姆难请，甚至一周换一个，除了保姆自身的问题外，也还要考虑主人家的问题，用刻薄的态度治家，家庭不会长享和睦。

对自己的家人更不能刻薄。每个人都是有缺点的。而在家人面前，这些缺点和不足往往更为明显。这就必须彼此宽容、谅解，多站在对方的立场上为他着想，将心比心，不要总是苛求别人和自己一样。许多家庭矛盾都是因为大家只站在自己的立场上想问题，不换位思考引起的。老觉得自己是对的，别人都是错的，或老是用自己的长处去比别人的短处，宽以待己，严于律人，或只许州官放火，不许百姓点灯，这样处理家庭、管理家庭，那确实要不了多久，这个家庭就会解体。现在离婚率这么高，很重要的原因就是婚姻双方不能互相理解宽容。国学大师梁漱溟先生讲，人生最好的处置方法之一就是宽容，尤其是家庭当中，宽容更是第一重要的。当代十大高僧之一正果法师也说："刻者薄。"意思是刻薄的人命薄，因为刻薄别人的人往往自己的内心都不宽广，多疑多愁善怒，最终也是穷愁潦倒，悲剧收尾，大家在日常生活中常能看到这种人。《红楼梦》中王熙凤就是治家太刻薄，结果家破人亡，自己落到"机关算尽太聪明，反算了卿卿性命"。所以大家不要对人刻薄，尤其不要对家人、下人刻薄。

所谓"伦常乖舛"就是指家庭人伦关系混乱。这混乱怎样讲呢？用儒家的话说就是"父不父，子不子，夫不夫，妇不妇，兄不兄，弟不弟"，也就是说父亲不像父亲的样子，儿子不像儿子的样子，儿子随便打骂父亲，父亲在儿子面前卑躬屈膝；丈夫不做丈夫该做的事，终日吃喝嫖赌，抽大烟，养戏子；妻子不像妻子，家务儿女全然不管，整天打麻将、逛商场……

仁者，爱人也

与肩挑贸易，毋占便宜；见穷苦亲邻，须多温恤。

"肩挑贸易"指担着挑子做生意的人，这里代指小生意人。温恤当同情讲，恤当怜悯、体恤讲。这句话连起来就是说：跟那些做小生意的人打交道，不要去占人家便宜；对穷苦的亲戚邻居，要多体恤同情。

要体会这句话就要认真解读儒家的仁爱思想。"仁"字由一个"人"一个"二"组成，就是说一个人心中随时要想着他人，不能只顾自己。孔子说："仁者，爱人也。"仁的根本就是要爱人，爱人从哪里做起？从同情体恤他人做起。孟子说："恻隐之心，仁之端也。"恻隐心是仁爱的发端，恻隐心就是同情心。同情心正是善心的体现。把同情心推广开来，达到极致，就是圣贤的情怀了。担着挑子走街串巷的小生意人，辛辛苦苦做点小本生意，是极不容易的。不管严冬酷暑，起早贪黑赚点微利，这样的人，我们还去占人家便宜，斤斤计较，争一分二分的利益，于心何忍！我家附近有个蔬菜批发市场，每天清晨三四点钟菜农就从四面八方赶来进菜，剔除烂了的菜叶，再一把把捆好，守候一天，最后卖不完的只能眼睁睁地看着菜烂掉。明白了小商小贩的艰难，就不应再跟他们过于计较。我在小生意人那里买东西，从来都不讲价，若见是老者、孤苦者，往往还要多给他们一点钱，哪怕在我自己经济也很紧张的情况下仍然如此。我20多岁的时候卖过半年报,每天清晨四点钟就要起身,跑步到离家很远的报馆发行部批发报纸,批发50份,够卖一上午了。批发来以后就快速跑着叫卖,因为报贩很多,跑慢了就落在人后,报就卖不出去了。故乡重庆又是山城,经常爬坡上坎,跑得气喘吁吁。一份报纸批发来二角五分,卖五角,一份赚二角五分,一上午下来才赚十二元五角钱。夏天有时突下暴雨,躲雨都来不及,淋成落汤鸡,报纸自然也全部被打湿,报上的油墨还流得一手一身都是,这样的报纸当然不会有人再买,这一天就一点收入都没有。自己有过这样的经历就更知道这些小生意人的不易。街上那些擦皮鞋的、背个背篼卖麻糖的、挑个担子卖豆腐脑的、提个篮子卖黄桷兰的,都是靠自己的劳动艰难求生,我们应平等对待他们,多给他们一些关注,千万不要去欺负他们,占他们的便宜。

　　穷苦的亲邻也需要我们多去关心帮助。俗话说人生一根田坎三截烂,哪个人敢保证说自己一辈子都顺利,没有波折起伏？人都会有落难失意的时候,这个时候帮人家一把,人家一辈子都感激你,说不定你落难的时候,人家也能帮上你。亲戚邻居中时常都会有因这样那样的原因而遭灾受穷的人。有的突然生了病,有的遇到意外事故,有的年老丧子,有的孤苦无依,有的失业无钱,遇到这些情况,我们都应伸出援助之手。有时候虽然你并没有做多大的事,或许就是一句问询、一个鼓励的微笑、一次积极的出谋划策,就会给人莫大的温暖。有些人会说,天下穷苦人那么多,怎么帮助得完？但如果我们每个人都从身边做起,帮助一个算一个,帮助两个算两个,即使帮不完,也能让大家感受到这人间的爱。有个这样的故事,大海落潮了,许多小鱼留在沙滩上挣扎。一个小孩把鱼一条一条捡起来,扔回大海。旁人问:你这么做,有谁在意？小孩一边扔一边说:"这一条在意,这一条也在意。"亲戚和邻居都是身边比较亲近的人,先贤告诉我们,关心帮助他人,就从身边做起。小时候我家乡的老院里有个刘老祖,因年龄大了,行动不便,我就总是到处去为她捡废纸来引火。有个黄

婆婆，气管炎，病倒在床上起不来，大小便失禁，我每天放了学就去给她洗脸擦身，换洗垫大小便的布，还将家人给我的广柑给她吃，用自己存的钱去给她买她想吃的饼子。还有一位杜孃，被丈夫抛弃，自己下岗无收入，还要养个女儿，实在没有办法，我那时在庙里整理经书，每月两百元工资，就拿一百元来资助她们。后来我在乡下当农民，还用自己存的一点钱来资助一个贫苦孩子读书。我家有个远房亲戚张祖，她一生没结婚，没子女，我从十来岁就照顾她，她后来年龄越大行动越艰难，我又帮她洗头洗澡，每年过年都接她到家里过年，直到去年她离开人世。提到这些，我只是想说，在帮助别人的时候，自己是非常幸福的。当别人感受到温暖，其实自己的心中也温暖极了。每当我去看望张祖，年近九旬满脸皱纹的老人拉着我的手，欢喜地唱起她年轻时为抗日救亡而唱的歌，唱到激动时热泪盈眶，我也感动得热泪盈眶。外人不了解张祖，都说她孤僻古怪，如果你不用心去关心爱护老人，你又哪能了解一个孤苦老人丰富的内心世界？

　　同情帮助他人、关注弱势群体是中华文化的宝贵财富，今天更应成为构建和谐社会的重要思想。我们对所有弱势群体——老人、儿童、残疾人、病人、下岗工人、农民工等——都应有一份深厚的同情心，并多给予一些真挚的关爱。

明之以大义

　　居身务期质朴，教子要有义方。

教子要有义方。教者孝也。教子当自胎教始。质字的本义是抵押,所谓人质,即以人作抵押。抵押的东西必定是实实在在的,故质又引申为实在、朴实的意思。朴的本义指未经过加工的木材。未经过加工的木材就是天然朴实的。"居身务期质朴"就是说做人应实在,朴实无华。

孔子说:"巧言令色,鲜矣仁。"儒家是反对花言巧语的。一个质朴的人绝不会这样。孔子又说:"刚毅木讷近于仁。"意思是说一个人有刚健、坚毅、朴实、诚厚的品德,就接近于仁者了。中国人对人的评价标准自古看重老实、厚道。因为老实、厚道是和诚信挂钩的。"诚"是宇宙的本质,大千世界万物,没有一样的生命过程不是真实的。就像人的生命,从出生到辞世,每一秒都是真实地在代谢、在运动,如果哪一秒不代谢、不运动了,人就会生病会死亡。人效法天道,就应有真实不虚即诚的品格,而朴实是诚的基本要义。另外质朴更接近自然。凡非天然的,而是人自己做的,就叫伪。伪字,人为的就是伪。所以质朴有一种天然之美。从人的感受来讲,质朴的人给人以安全可靠、值得信任的感觉。要做到质朴,必须力戒浮华虚伪,生活上不奢侈,与人相交诚信不欺也就是质朴了。

"教子要有义方",就是教育子女既要有大义,还要讲究方法。什么是有大义?用今天的话说就是要使子女成为有理想、有道德、有文化、有纪律的人,成为对国家对社会有用的人。当今不少家长在子女教育上,普遍存在片面重视智力技能教育而忽略品德教育的现象。从孩子三四岁直到上小学中学,争着送去读奥数班、钢琴班、书法班、绘画班、围棋班、乒乓球班、舞蹈班、音乐班,这班那班,巴不得孩子什么都会,弄得子女喘不过气来,不少孩子由此产生厌学情绪。家长看重的是成绩、分数、名次,至于子女的品性、追求、内心世界却漠然视之,考好了什么都可以,考不好则什么都免谈。久而久之,子女衣来伸手,饭来张口,样样满足,事事顺心,将父母长辈的关爱看成应该的,既不知为他人着想,又缺乏劳动观念,独立生活能力差,学习无兴趣,对生活缺乏热忱,贪图享乐,受不得委屈，经不起挫折。教育子女的首要任务是要使其成为一个有高尚理想、善良勤劳、尊老爱幼、乐于助人、爱生活、爱学习的人。有了这些做人的基本品格，知识技能的学习才会水到渠成，学成后也才可以为国家、为社会、为人民、为民族做贡献。没有高尚的情操，只有知识技能，那知识技能就可能变成谋取个人私利的资本，更有甚者或以知识技能作为威胁破坏社会的武器。所以家长教子，首在德行，这就是教之以大义。至于音乐、美术、书法、棋艺等兴趣教育，都是有利于陶冶情操培养德行的，可以引导子女学习，培养其学习兴趣，但一定要明确学习目的。要把重点放在引发子女对真、善、美的感知与热爱上，且不应门类过多，使陶冶变为枯燥的灌输。我三岁就习画，那是因为母亲发现我在这方面有浓厚的兴趣，但她并没有功利地要求我一定要这样、一定要那样。她总是教育我，一个人有才华、有大成就固然好，即使不行也没关系，但最起码必须做一个好人。我的外公在我期末考试成绩册发下来后，从来是首先看老师的评语，成绩差了，外公不会说我，要是品行上有不足，则一定要批评教导我。

　　教子除了要明之以大义，还需要恰当的方法。最好的方法莫过于身教。所谓身教，即以身作则，父母希望子女有良好的品德，自己应率先做到。子女在童年时期有很强的模仿性，而父母则是其第一模仿对象，父母的语言、动作、表情、待人接物的方式、生活习惯都会对子女产生很大影响。古人云：身教胜于言教。父母以身作则的教育远远胜过言语的教育。比如父母一边打麻将，一边对子女说要努力学习，不要贪玩好耍，不要打麻将，子女能听得进吗？父母天天吵架，出口即骂脏话，要子女性情平和、说话文明，可能吗？《小儿语》上说："老子终日浮水，儿子做了溺鬼。老子偷瓜盗果，儿子杀人放火。"这就是上行下效的道理。如果父母恩爱，讲话文明，待人宽厚，勤劳善良，爱读书学习，家庭气氛温馨，子女在这种环境中成长，不需要你过多说教，他必定受到潜移默化深层次的影响。所以要将子女教育好，父母要完成自身的教育。这也就是孔子所谓的"子率以正，孰敢不正"的道理。父母自己做好了，子女谁不跟着做好呢？

除了身教以外，还要注意尊重理解子女。传统文化不太重视儿童与青少年的内心世界，这是我们现代教育应注意弥补的。尽量了解子女内心，尊重他们在不同时期的不同想法。因为子女在成长中对人生、世界必定有一个逐渐认识的过程，家长不能将成人的认识强加给子女，有时哪怕让子女犯点错误，也是必要的。犯错以后子女自然知道此路不通，就像小孩子不摔跤就学不会走路一样。尊重理解子女，子女也愿意将心里话告诉父母，这样更利于家长了解子女从而及时引导。现代许多家长对子女的物质生活异常关心，对子女的精神世界则淡漠忽视，这就是为什么很多家长总抱怨说自己对子女那么好，可子女却老是和自己疏远的原因。另外还要注意尊重差异，因势利导。要发现子女的特点，不管是性格上的还是兴趣上的，根据特点作相应导引，不能一刀切，看见别人的子女怎样，也要自己的子女必须怎样。差异性是宇宙的本质，大千世界没有哪两片树叶是一样的，没有哪两个人的眼睛鼻子是一模一样的，人的性格、兴趣更是如此。像毛主席读书的时候数学就很差，但你能因为他数学差就否定他是一代伟人，是大诗人、大政治家、思想家吗？每个人的个性是不一样的。这其实也就是孔子说的因材施教的道理。

另外，在子女教育上一味放纵、什么都不管和什么都管、不给子女一点空间，都是不可取的。只有在给子女一定空间的基础上加以必要与恰当的引导，才是家长应努力做到的。教育子女的方法还有很多，这里只能将几条最重要的列举出来，引起大家的注意。"教子要有义方"这句话真是微言大义，值得好好体会，而每一个做家长的人更应该认真学习，恰当地落实于子女教育中。

父慈子孝，兄友弟恭

兄弟叔侄，须分多润寡；长幼内外，宜法肃辞严。

这句话的意思是：兄弟叔侄之间，经济好的应支持扶助经济差的；家里无论年长年幼男的女的，都应家法整肃，言辞庄重。

分多润寡是中国传统美德。老子讲："天之道，损有余以奉不足。"就是说老天的规律是减损那些富足的去补贴那些穷困的。弟兄叔侄就是指一个家庭内部，一个家庭内部总有一些人条件好些，一些人条件差些，那么条件好的就帮助条件差的。特别是以前大家庭聚族而居，表现更明显。不过现在这个问题同样存在，有些弟兄姐妹多的家庭，做父母的总会多关心那些条件差的子女，而那些条件好的子女就不能理解了，说什么爹妈老偏心，顾这个不顾那个，这是极不对的。这弟兄姐妹叔伯子侄相互关心、相互帮助，本就是天经地义的，亲邻贫苦都要恻隐，何况是手足呢？而从古至今弟兄姐妹为财产发生争执甚至反目的情况屡见不鲜，这既是伤害彼此亲情，更是不孝。你想，弟兄姐妹相互争斗，做父母的看了是何感想？所以《弟子规》里说得好："兄弟睦，孝在中。"人生在世，有什么比亲情更可贵的呢？为了财而伤情，实在不值得。

"法肃辞严"是说一个家庭长幼有序，法度井然。晚辈都能尊重孝敬长辈，长辈能慈爱晚辈，平辈间互相尊重，这就是家庭礼法整肃的表现。

辞这里当语言讲，辞严指大家不乱说、不吵闹、不嬉皮笑脸、不巧言令色。"长幼内外，法肃辞严"在当代确实是一个大问题，因为很多家庭里没老没少，说话没大没小。"法肃辞严"从表象看只是家庭中的一些礼仪规矩，其实它的背后是"父慈子孝，兄友弟恭，夫敬妇爱，尊老爱幼"的精神实质，没有这些精神的规矩就变成教条，变成形式主义。学生放学回家，见到爷爷奶奶父母亲问好，这问好的形式背后就是孝的思想、敬老的精神。吃饭的时候将上席留给长辈，对长辈说话和颜悦色，声音不大但清晰，不撒谎，这些都是敬的精神体现。有些人认为家里搞得法肃辞严就没有亲切感了，这种看法是不对的。有了恰当的规矩礼法，才能更好地维系亲情。一个人在家里守规矩，在社会上也会守规矩，在家里都无法无天，在社会上自然也好不到哪里去。"分多润寡""法肃辞严"是一个家庭家风的体现，它充分反映了一个家庭的精神风貌、道德水准与价值取向，大家对此切不可小视啊。

幼吾幼以及人之幼

听妇言，乖骨肉，岂是丈夫；重资财，薄父母，不成人子。

乖是不顺不和的意思。妇言这里并非指所有妇人的议论，而是特指后妻的言语。意思是：听信后妻挑拨离间而疏远自己前妻的儿女，不是大丈夫所为；看重钱财而对父母不好，就是大逆不道，不孝之子。

因为后妈的缘故使得家庭不和或骨肉离散的故事，从古到今都有，且很不好解决。《二十四孝》中的第一孝大舜就被他的后妈虐待，舜的后妈和后妈的儿子鼓动舜的父亲，几次三番想置舜于死地，但舜都因为大孝感动天地而得以逃生。《二十四孝》中另一个故事讲孔子弟子闵子骞的后妈，她在冬天给自己的两个儿子和闵子骞各缝了一件新棉袄，可闵子骞穿得一点不暖和，后来才发现，后妈给自己两个儿子缝的棉袄用的新布新棉花，给闵子骞的用的却是陈年旧布和芦花，虽体积大，却一点不保暖。为什么后妈会对丈夫前妻的子女不好呢？这里有几个原因：第一是天性使然，母爱是很伟大的，包括对子女无私的喂养和对子女的保护，所谓护子之情。母亲在保护自己的孩子时，对其他孩子是有排斥之心的，一是怕其他孩子欺负自己的孩子，二是怕其他孩子分享自己孩子可占有的资源。其结果则是对其他孩子特别是对跟自己孩子关系最近的孩子的敌意，这是自然属性，人与动物皆然。大家观察动物就可以知道，像狗生了小狗，除了主人，其他人只要靠近，哪怕是远远的，哪怕没有恶意，它也会狂叫并扑过去乱咬，即使原本性情温和的狗也是如此。但人毕竟异于禽兽，人有思维，能认识分析问题，丈夫前妻的儿女得不到母爱是很可怜的，做后妈的更应该关爱前妻的子女，给他们和自己子女一样的母爱。孟子说："无恻隐之心，非人也。"没有同情心就根本不是人。孟子还说："幼吾幼以及人之幼。"意思就是像爱自己的儿女一样去爱别人的儿女。作为一个善良的后妈，应把爱自己儿女的情感推及爱前妻的儿女。如果说后妈对前妻子女不好，第一个原因还是由母亲的天性使然，那么第二个原因则完全是因人的私欲和贪念。后妈老是觉得前妻的子女必定会和自己的子女同分家产，所以对前妻子女百般虐待，这在古代尤为突出，当代也仍有存在。还有第三种情况，有些后妈开始是想对前妻子女好，但由于前妻子女不太懂事，或心态不健康，一开始就对后妈抱有敌意，即使后妈对他再好，他也不信这是真的，每每以语言行为去刺激后妈，久而久之后妈也就心生怨恨，不再对他好，甚至恨起来。第四种情况则是因误会引起，也许后妈想对前妻子女好，前妻子女也想对后妈好，但因为彼此的表达方式不对，交流不畅，最终导致双方不和。如果后妈心胸不宽广，那误会就更深，结果则更不好。

后妈不喜欢前妻的子女，必然在丈夫面前搬弄是非，在这种情况下，丈夫绝不能"听妇言，乖骨肉"。丈夫首先要有公平之心，不偏袒，具体事件具体分析，绝不能偏听偏信。一听后妻的话就斥责打骂前妻的子女，是千万要不得的。作为父亲，前妻后妻的子女都是你的骨肉，都应对他们好，而前妻的子女得不到完整的母爱，做父亲的就应给予更多的关爱呵护。当然这不仅仅是针对继母，继父也同样。古往今来，因为处理不好这些问题引起的家庭悲剧相当多。这不能不引起再婚父母的高度重视，所以大家对于婚姻问题一定要慎重，特别是有了子女的情况下，除了配偶自然死亡外，千万不要随随便便离婚，这将给子女带来巨大的伤害，这种伤害有可能是一辈子的。现在百分之六七十的青少年问题是因为父母离异引起的，为了孩子，父母对婚姻、家庭必须慎重又慎重。

关于"重资财，薄父母，不成人子"，首先必须分清财与情孰重孰轻。财产生不带来，死不带去，多则多用，少则少用，它可以带来物质的满足，但绝不能滋养人的精神、慰藉人的情感。孟子说人生有三种最大的快乐，第一种就是"父母俱在，兄弟无故"，没有什么比父母健在更重要，你有再多的钱都买不来父母的生命，买不来天伦之乐。李白说"千金散尽还复来"，千金即使散尽了，还可以再挣回来，父母要是不在了，就永远不在了。

古人有一副对联，上联说："百善孝为先，论心不论行，论行家贫无孝子。"意思是说孝是第一大善，但孝的关键是那份心，并不一定看你做出怎样了不得的行动，给父母买多大的房子，买了多少好东西。如果用财富来衡量孝顺不孝顺，那贫困家庭就没有孝子了。你自己要给父母买什么，那只是你的心意而已，通常父母亲的愿望都是希望子女幸福，子女幸福了，他们也就高兴。但不能因为父母没有要求，子女就不管父母，更不能在父母需要子女时，比如生病住院需要钱、意外事故需要钱时，吝啬钱财而不予理睬。还有的子女，为财产分配与继承的问题和父母闹翻，我亲眼见过一家五个弟兄姐妹，因争夺父母的房子互相敌对。没争到继承权的一派以后再也不管老父亲，父亲生病住院直到去世他们都没去看过一次。这些儿女很有钱，各自都有房子，并不缺那点遗产，然而却让老父亲在孤独寂寞悲伤中度过余生。像这样的子女，还算子女吗？现在农村中因为争财产而刻薄虐待父母的情况仍很普遍，我们中华文化自古重视孝道，读书明理，就更应该懂得孝的道理。《论语》的许多章节和《孝经》都专门论述了孝的问题，《弟子规》还详细谈了行孝的具体步骤方法，值得我们好好学习体会。

君子爱财，取之有道

莫贪意外之财，莫饮过量之酒。

意外之财即本不应得的财富，不应该得的财富就不要贪。《论语》第十四篇《宪问》中讲了"义然后取"。义就是应该，应得的财物才去取。俗话说："君子爱财，取之有道。"所谓取之有道，就是发财要有正确的门道，即通过自己的辛勤劳动获取钱财。当然这个辛勤劳动还必须是对人类无害和合法的。大画家齐白石老人画过一幅《发财图》，图中别无他物，仅一算盘，题词云："善哉，欲人钱财而不施危险，乃仁具耳。"不该要的钱财不要，这本是天经地义的事，那为什么还是有许多人想要呢？就源于一个贪字。贪的本意就是不知足。为什么不知足？就是因为欲望。欲望如果不加以约束，就会变为一切罪恶与痛苦的根源。佛家将贪列为首先必须戒掉的第一大恶。人只有知足常乐才不会贪。怎么才能知足呢？关键要明白一个道理：得失利弊永远是相辅相成的，世间的事，利有多大，弊就有多大。你看一个人得了多少，那他就一定也失了多少。皇后王妃得到了人间最大的荣华富贵，却失去了最起码的天伦之乐。公司老板经理得到了财富，却失去了许多自由清闲的时间。贪了意外之财的人总是提心吊胆，总担心有意想不到的灾难等着他。贪官也终有被清查的一天，即使还没查到他，他也一天到晚提防着，总是有种恐惧在心头。贪小财受小灾，贪大财受大灾。一个人只有用自己应有的钱财时才会心安理得。佛家讲"有求皆苦"，你只要有所求就是苦，何况是贪呢，就更不知道有多苦了。财富之类，一般够自己生活，略有富余也就够了，多了反而是负担。

"莫饮过量之酒"，就是喝酒不要过量。这个问题孔子专门讲了过："惟酒无量，不及醉。"意思就是喝酒没有特别的规定，但原则是不能喝醉。《弟子规》里也讲："饮酒醉，最为丑。"一个人喝醉了酒，又哭又闹、乱说乱动是最丑的。佛教把在家习佛的人称居士，居士要守杀、盗、淫、妄、酒五戒，尤以酒戒最为重要。为什么呢？因为酒后乱性，喝醉酒了，什么事都做得出来，杀戒可开、盗戒可开、淫戒可开、妄戒可开。酒有许多好处，古代的医师就用酒来治病，认为每天晚上喝一点点酒，可以舒筋活血。诗人、艺术家喝了酒还可以使大脑兴奋，灵感泉涌，故有"李白斗酒诗百篇"之说。另外过年过节、寿诞婚庆，喝酒可以活跃气氛，助兴取乐。但一定不要过量，过量除了让人醉倒以外，还给身体带来伤害，伤胃，伤肝，刺激神经。

修心

嫁女择佳婿，毋索重聘；娶媳求淑女，勿计厚奁。

聘，指结婚时男方给女方的礼物。奁（lián），指女方的陪嫁品。这两句话的意思是：嫁女儿要选择品行好的女婿，不要去索取贵重的聘礼；娶媳妇要追求善良贤淑的女子，不要去计较陪嫁品的多少。

《论语》第五篇第一句："子谓公冶长可妻也。虽在缧绁之中，非其罪也，以其子妻之。"公冶长是孔子的学生，孔子说可以把女儿嫁给他，他虽然被关在监狱里，但不是他的罪过。这一段被称为孔子的择婿之法：择女婿不问贵贱，不论当下处境，只论人品，且看以后的发展。哪怕公冶长当下还在监狱中，但他人品好，是无罪的，也能将女儿嫁给他。这种见识胸襟确是圣人的情怀，试想一般人，有几个敢把自己的女儿嫁给一个犯人，即使这个犯人是被冤枉的。尧帝也是如此，将自己的两个女儿娥皇、女英都嫁给一个农夫舜，当时舜可以说一无所有，甚至连性命都难保，而尧帝看重他的大孝、仁厚，后来舜果然没有辜负尧帝，成为一代圣王，并且和尧帝的两个女儿非常恩爱，28年没有红过一次脸，没有吵过一次嘴。这都是圣人择婿的典范，值得我们好好学习。

《诗经》中有"之子于归，宜其室家"，就是说一个贤淑的女子嫁到男家，能协和整个家庭。一个家庭是否和谐，女主人的作用十分重要。女主人贤德则一家和睦，女主人不贤德，一会儿妯娌不和，一会儿姑嫂不和，一会儿挑唆丈夫和弟兄闹矛盾，一会儿撺掇丈夫与父母不和，这种情况现在在农村中还极普遍。所以前面讲"听妇言，乖骨肉"还有这层意思，就是听信了不贤德妻子的挑唆而和自己的父母弟兄姐妹不和，甚至反目成仇。所以妻子贤淑对一个家庭太重要了，尤其对子女的影响极为深远。明朝学者吕坤《闺范》中说："居室之道，未有妻子不贤而能夫妇父子好合者也。"讲的即是这个道理。他还说："闺阃（kǔn）为贤才所出之地，母教为天下太平之本。"意思是说妇女的居室是生产贤才的地方，母亲的教育是天下太平的根本。每个母亲都能培养优秀的子女，那么天下就不治而治了。阃与闺一样，都指妇女居住的地方。贤淑的内涵是什么呢？就是善解人意，事事能为他人着想，不计较个人得失。另外谈婚论嫁时计较聘礼与陪嫁的多少，引得两亲家不和，伤害小两口的感情也是万万不值得的：财产本是让生活更好，因财产而让生活过不好，那这财产又有什么意思呢？今天很多女子只嫁有钱人，或者必须有房子、车子、票子才嫁，完全不看人品，最终还是伤害了自己。学了这一句，应好好反省呀。

君子以自强不息

乖僻自是，悔误必多；颓惰自甘，家道难成。

人是群居动物，群居动物自然有群居群处的原则，人若古怪孤僻则必定违反群居群处的原则，违反原则势必犯错误，错误一多后悔也就多。孔子的哲学中有一个最重要的思想叫仁。仁的基本精神就是人与人的和谐相处。而人与人的和谐相处正反映了孔子对于人作为群居动物的自觉。人要群居就必须相互尊重，相互帮助，如果一味按自己的想法办事，毫不顾及他人的感受，那就是乖僻。自以为是也是很麻烦的，自以为是的人总觉得自己什么都是对的，看不起别人，听不进别人的意见，结果错误烦恼如影随形。自以为是的人往往都有几分聪明，在某些方面也确实比一般人强一点，然而这点聪明与才能恰恰成了他们进步的障碍，有点可炫耀于人的东西就沾沾自喜、故步自封，正所谓"聪明反被聪明误"。

　　颓惰自甘的人说得形象点就叫破罐子破摔，破罐子破摔怎么能将家庭建设好呢？颓废的人意志消沉、精神萎靡，这种人是悲观主义者。其实生活本身就是美丑并存、善恶同在，就看你怎么看。如果你光看事物不好的那一面，那人生就是悲剧，是消极的；如果你多看事物美好的那一面，你就会觉得生活充满阳光，无比美丽。换一种眼光，生活本身并没变，可你的心态一下就变了。从前有个老太太，有两个女儿，一个开布鞋店，一个开伞铺。一到下雨天，老太太就愁鞋店的布鞋卖不出去；一到出太阳，她又愁开伞铺的伞卖不出去了。老太太是下雨也愁，天晴也愁。后来遇到一个高僧，高僧告诉她：下雨的时候你就想，女儿的伞卖得出去了；天晴的时候你就想，另一个女儿的布鞋卖得出去了。老太太按照高僧说的做，果然从此不再愁了。人生不如意事十之八九，每个人都差不多，只是各自的不如意表现形式不同。所以乐观、悲观，并不是生活的境遇有太大的不同，关键看你用什么心态面对。懒惰则是绝对不行的，懒惰的人可以说做什么都不能成功。人最基本的品行就是勤劳，不勤劳，其他品德也很难建立起来。现在很多人追求安逸享乐的生活而不愿意劳动，这是很不好的风气。学习、工作、生活、治家，哪一条都离不开勤劳。懒惰的人家里乱七八糟，生活也一塌糊涂。历史上任何一个有成就的人，首先必定是一个勤劳的人。《易经》里讲："天行健，君子以自强不息。"就是说君子应像天一样生生不息，生机勃勃，勇猛精进，永远有一股阳刚正大之气。这种品格的对立面即是颓惰自甘，对此大家应引以为戒。孔子说，一个人不能行中道，就会有狂和狷两种情况。乖僻自是就是狂，颓惰自甘就是狷，这两种情况对做人和治家都是大忌。

正视自己

  有一个孤儿，向高僧请教如何获得幸福，高僧指着块陋石说："你把它拿到集市去，但无论谁要买这块石头你都不要卖。"孤儿来到集市卖石头，第一天、第二天无人问津；第三天有人来询问；第四天，石头已经能卖到一个很好的价钱了。

  高僧又说："你把石头拿到石器交易市场去卖。"第一天、第二天人们视而不见；第三天，有人围过来问；以后的几天，石头的价格已被抬得高出了石器的价格。高僧又说："你再把石头拿到珠宝市场去卖……"

  你可以想象得到，又出现了那种情况，甚至于到了最后，石头的价格已经比珠宝的价格还要高了。

  其实世上人与物皆如此，如果你认定自己是一个不起眼的陋石，那么你可能永远只是一块陋石；如果你坚信自己是一块无价的宝石，那么你可能就是一块宝石。

每个人的本性中都隐藏着信心，高僧其实就是在挖掘孤儿的信心和潜力。

信心是一股巨大的力量，只要有一点点信心就可能产生神奇的效果。信心是人生最珍贵的宝藏之一，它可以使你免予失望，使你丢掉那些不知从何而来的黯淡的念头，使你有勇气去面对艰苦的人生。相反，如果丧失了这种信心，则是一件非常可悲的事情。你的前途之门似乎关闭了，它使你看不见远景，对一切都漠不关心，使你误以为自己已经不可救药了。

信心是人的一种本能，天下没有一种力量可以和它相提并论。所以，有信心的人，也会遭遇挫折危难，但他不会灰心丧气。

自信使你能够感觉到自己的能力，其作用是其他任何东西都无法替代的。坚持自己的理念，有信心依照计划行事的人，比一遇到挫折就放弃的人更具优势。

有一位顶尖的保险业务经理，要求所有的业务员，每天早上出门工作之前，先在镜子前面用5分钟的时间看着自己，并且对自己说："你是最棒的保险业务员，今天你就要证明这一点，明天也是如此，一直都是如此。"经过这位业务经理的安排，每一位业务员的丈夫或妻子，在他们的爱人出门工作之前，都以这一段话向他们告别："你是最棒的业务员，今天你就要证明这一点。"

人是为了信心——一种有深度需要的信心而生的，我们一旦失去了信心，就违背了自己的本性，一切都不敢肯定，人生就没有根了。

命运永远掌握在强者手中，也许你曾经失去过，但失去后，你学会了珍惜；也许你曾失败过，但失败后，你学会了坚强；你也许相貌平平，也许一无所长，但你不应该自卑，也许在某方面你存在着惊人的潜力，只是你并没有发觉罢了。正视自己，更深层地挖掘潜力，相信天生我材必有用，是金子就一定会发光。

你不应该抱怨，你也没有理由抱怨命运，你所遇到的困难与挫折都是命运对你的一种考验。

也许你并不出众，但平凡也是一种美，不被世间的功名利禄所累，知足常乐，要乐观地去面对生活中的每一天，不论快乐或悲伤，人生能有几回合，春去秋来，花谢花开，干吗自寻烦恼，虚度光阴呢？

河流是永远不会高出源头的。人生事业之成功，亦必有其源头，而这个源头，就是梦想与自信。不管你的天赋怎样高，能力怎样大，知识水平怎样高，你的事业上的成就，总不会高过你的自信。正如一句名言所说："他能够，是因为他认为自己能够；他不能够，是因为他认为自己不能够。"

有一次，一个兵士从前线归来，将战报递呈给拿破仑。因为路上赶得太急促，所以他的坐骑在还没有到达拿破仑那里时，就倒地气绝了。拿破仑看完战报后立刻下一手谕，交给这个兵士，叫他骑自己的坐骑火速赶回前线。

兵士看看那匹雄壮的坐骑及它华丽的马鞍，不觉脱口说："不，将军，对于我这样一个平凡的士兵，这坐骑实在是太高贵太好了。"

在这世界上，有许多人，他们总以为别人所有的种种幸福是不属于他们的，以为他们是不配有的，以为他们不能与那些命运好的人相提并论。然而他们不明白，这样的自卑自抑、自我抹杀，将会大大减弱自己的自信心，也同样会大大减少自己成功的机会。

没有自信，便没有成功。一个获得了巨大成功的人，首先是因为他自信。有人说，自信是成功的一半，但它毕竟还不是成功的全部。若不充分认识这一点，有一天你会连原来的一半也丧失。自信的人依靠自己的力量去实现目标，自卑的人则只有依赖侥幸去达到目的。自信者的失败是一种人生的悲壮，虽败犹荣。

当你总是在问自己：我能成功吗？这时，你还难以撷取成功的果实。当你满怀信心地对自己说：我一定能够成功。这时，人生收获的季节离你已不太遥远了。

自信，使不可能成为可能，使可能成为现实。不自信却使可能变成不可能。一分自信，一分成功；十分自信，十分成功。

跨出了解决问题的第一步

不幸降临，犹如一面镜子，可以照出一个人思想意志的坚定或者脆弱，可以产生两种不同的结果。同不幸抗争的人，会减轻不幸带来的痛苦，把不幸降到最小限度。屈从不幸的人，只能成为不幸的阶下囚，被不幸吞噬掉。一个人如果把不幸当作前进的阶梯，就能看到光明；如果把不幸当作滑梯，只能陷进泥坑。

人越是在危急的时候，越要保持冷静，从而想出解决危机的办法。

从前，有个樵夫和妻子住在小村之外。每天早上，樵夫会出门到森林里砍树，而当傍晚他结束一天的劳作返家时，妻子总会煮好一桌热腾腾的可口饭菜等待着他。

一天，樵夫提早收工回家，却意外地在窗外看到妻子和村里的当铺老板在家偷情。他开门的时候，也清楚地听到当铺老板慌忙找地方躲起来的声响。

但樵夫一向是个冷静而幽默的人。他不动声色地走向前拥抱妻子，并且告诉她："森林之神赐了我一对千里眼，我只需要注视一块木头正中央的一个小孔，就能够看见常人看不见的东西。"他又告诉妻子，他发现房间的柜子里藏了一件值钱的东西（自然指的是那当铺老板）。为了证实他的新能力，他于是将柜子上锁，将它扛到当铺的柜台上，向店里的伙计出价50个金币，出售柜子和柜里的东西。

接着，樵夫走到外头悠闲地踱步、抽水烟，让伙计慢慢考虑这笔生意。这时，他听到柜子内闷窒得发慌的当铺老板在里面高声喊叫，要求伙计快些付赎金，好放他出来。

在这则古老的寓言里，樵夫用了个巧妙的计谋，使人们印象中小气吝啬的当铺老板为自己的行为"付出代价"。樵夫扭转局势的冷静与机智幽默，不仅使他轻松地赢了50个金币，无愧良心地报了一箭之仇（如果他在盛怒中杀了当铺老板，恐怕会得不偿失），同时证明了他的高人一等，无须担心此事有失面子。此外，樵夫也因此可以更容易地面对或处理自己的痛苦。

樵夫的高明处，就在于在情绪高涨的非常时刻，依然能够选择保持幽默、以智取胜，将自己抽离出愤怒的情绪，以一个既实际又能发泄怨气的方法来处理事情。

其实每个人在生活中都难免会遇到这种紧要关头或突如其来的变故，只要我们能冷静面对，灵活处理必定能找出好的解决办法。

当你遇上大麻烦时，要庆幸事情没有变得更糟。生命中有些时候，事情远不像表面看起来那么糟糕，面对不幸首先要分析情势并坦然接受现状。当你了解到事情也许不如想象的那样严重时，你就跨出了解决问题的第一步。

第三章
处世需要修行

找准自己的角色定位,是智者立于世的关键。在为人处世中,事事断然不可强出风头。为人做事时首先必须掂量一下自己的分量,找准自己的角色定位,明白了哪些是属于自己该做的事情,就责无旁贷地努力去完成,并力求做到尽善尽美。

"好义"乃中华民族传统

"义"的繁体字为"義",从"我"、从"羊",同"儀"。"义"字的含义非常广泛,主要包括这几个方面:一是指礼节、仪式;二是指事之谊,合乎正义或公益的,也即思想行为符合一定的标准;三是指品德的根本和伦理的原则;四是指情谊、恩谊,如有情有义、忘恩负义;五是指因抚养或拜认而成为亲属的,如义父、义子、义妹;六是指行为超出常人的,有正义感的,如义士、义侠;七是指不获取报酬的行为,如义演、义卖。我们经常用到的和"义"有关的词汇有仁义、礼义、义气、义愤、义举、义务等,常用的成语有义愤填膺、义无反顾、义正词严、见义勇为等。

中国是一个崇尚礼仪的国度,被世人称为礼仪之邦。我国的圣人贤哲对"义"做出了许多精辟的论述。

孔子在评价何者为勇时说:"见义不为,无勇也。"即见义不为不能算真正的勇敢。孔子在阐述什么是富贵时又说:"饭疏食饮水,曲肱而枕之,乐亦在其中矣。不义而富且贵,于我如浮云。"这句话的意思是说"吃粗粮喝白水,弯着胳膊当枕头,这样的生活中也有乐趣。用不正当的手段得来的富贵,在我眼里如同天上的浮云一样。"孔子在谈到如何理政时则说:"上好义,则民莫敢不服。"即从政者只要推崇义,老百姓就不敢不服从。

"亚圣"孟子也对"义"做出过许多阐述，他说："仁，人心也；义，人路也。"即"仁"决定着人心取向，"义"影响着人生历程。他还有一个经典的论述："鱼我所欲也，熊掌亦我所欲也，二者不可得兼，舍鱼而取熊掌者也。生亦我所欲也，义亦我所欲也，二者不可得兼，舍生而取义者也。"他提出的"舍生取义"的思想对后人产生了深刻的影响。在我国的历史上，许多仁人志士为我们留下了许多值得学习的见义勇为、舍生取义、重义轻利的感人至深的故事。尤其是中华民族进入近代历史以来，之所以屡遭入侵而不亡，历经磨难而不衰，与众多的仁人志士为了国家和民族而前赴后继、视死如归、舍生取义是分不开的。

汉文帝崇尚仁爱

作为一国之君，如何治理百姓和国家，是历代都非常重视的问题。显然，以"仁爱"治天下是最符合儒家传统道德标准的。在《孝经·天子章第二》中，孔子就论述了天子如何以仁爱治天下的具体要求："天子要对百姓仁爱，不施行暴政；要对百姓尊敬，不能傲慢。对百姓的仁爱和尊敬要像对待自己的长辈一样，以德孝对待百姓，施行天下，这就是天子之孝。"也就是说，天子只有对百姓仁爱、尊敬，才能深得人心、巩固政权，这是天子最大的孝道；否则，百姓造反、江山改易，就会成为天子最大的不孝。因此，明智的帝王都把施行仁政作为自己的至高境界。

因"文景之治"而名垂史册的汉文帝刘恒，是中国历史上以仁爱治天下的典型。

汉文帝是汉高祖刘邦的第四子，早年被封为代王。当刘邦去世后吕后发动宫廷政变，刘、吕两大集团权力纷争的时候，刘恒的母亲薄氏带着幼小的刘恒离开了宫廷这一是非之地，来到远离京城的代王封地。薄氏知书达理，深明大义，教育刘恒读诗学经、为人处世。刘恒从小就深受仁爱思想的熏陶，不仅学到了许多治国之道，而且懂得了许多做人处世的道理。

吕后死后，周勃、陈平率刘氏集团剿灭了吕氏全族，经过对刘氏集团人才的考核，最后决定拥立代王刘恒为帝。刘恒即位时，汉朝国力还很贫穷，大夫以下只有牛车坐。汉文帝施行仁政，终于使天下大治。具体措施有：

要求朝廷百官和地方守令重视农业，劝民农桑，薄徭役，减赋税，激发农民的生产积极性，在汉文帝十三年，还免除了全国一年田地租税，这在中国封建史上是很少有的。

鼓励人们向朝廷提意见，即使咒骂皇帝也不治罪，这在中国封建社会的皇帝中也是极其罕见的；恢复春耕前皇帝亲耕的制度，为天下做出表率。

提倡节俭。汉文帝生活极为简朴，他在位24年，宫室、园林、服饰和御用器具没有什么增加。据史书记载，汉文帝为了节省黄金百斤，曾取消了建造露台的计划。汉文帝还穿粗糙的丝绸衣服，并规定宠妃的衣服不许拖地。

此外，汉文帝还废除了断肢、割鼻、刻肌肤等肉刑，减轻了笞刑，并要求官吏断案从轻，只求大指，不求细苛，使全国刑狱大减。

经过这一番治理，汉朝的生产得到极大的发展，府库充盈，政通人和，百姓乐业，汉朝的政权得到了巩固。文帝之后，景帝刘启继续文帝政策，父子共同开创了被誉为前汉盛世的"文景之治"，为后来汉武帝的改革创新奠定了坚实的物质基础。

据说汉文帝死前还告诫太子,自己驾崩时不要禁止百姓娶妻、祭祀、饮酒,不要万民恸哭,显示了仁爱贤明的帝王本性。刘恒死后,谥曰"文帝"。在历史上,死后谥号为"文"的皇帝并不多,因此有史学家评价400年历史的汉朝时,有"功莫大于高祖,德莫厚于汉文"之说。

滴水之恩,涌泉相报

施惠无念,受恩莫忘。

这一句的意思是:给了别人好处、恩惠,不要总想着让他人酬谢;别人对自己的帮助、恩惠,切莫忘了报答。

为什么要施惠无念呢?因为给人恩惠的目的并不是要人回报,而是出于仁爱恻隐的本心,儒家讲每个人心中都有同情人、关爱人的善意,这是自然而然的。你帮助别人,是出于你的本心;同理,看见别人受苦落难就心中难受,不去帮助心中就过意不去,与人恩惠是为了自己心安,与别人无干。而生活中很多人做了好事总是想着别人应该酬答他,如果别人没像他想的那样,他就不高兴。比如在公共汽车上给别人让座,坐下的人没有说谢谢,让座的人心里就很不舒服,后悔让了座。这不是自己和自己过不去吗?做好事自寻烦恼。2008年"5·12"汶川特大地震,全国人民自发向灾区捐款捐物、献血出力,哪里是为了回报呢?都是出于对灾区人民的深切同情，不这样做良心上就过不去。其实这就是孟子所说的"不忍人之心"，不忍心让别人受苦受难。

给别人恩惠不要想着回报，但接受别人的恩惠是一定要想着报答的。别人不要你回报是别人的境界高，你报不报答则反映你的品德。报答和施与一样，施与别人恩惠是心中不得不然，不如此就不安，报答别人的恩惠也是一样，不报答内心就不安，不报答内心则过不去。我们中国人一直讲"滴水之恩，当涌泉相报"，就是教人要报恩。

救人一命荣华一生

俗话说"救人一命胜造七级浮屠"。

我曾听我外公讲过这样一个故事：曾有一位教书先生，春节前夕向东家领取了一年的酬劳，高高兴兴地拿着银子准备与家人团聚。在回家的路上，教书先生遇到了一件令他为难的事情。他听见悲惨的哭声从一间矮小的茅屋中传出来，恻隐之心使这位教书先生不由自主地向茅屋走去。进门后，他看到一名妇女躺在门板上奄奄一息，一个男人和孩子正哭成一团。

教书先生从男人那里得知，躺在门板上的是他的妻子，得了急病，快要不行了，但因为没有钱请郎中治病，只有等死了。

教书先生一听，左右为难，如果把这些钱给了这家人治病，自己家的日子将怎么过？如果不帮助对方，就是见死不救，自己于心不忍。最后还是仁爱之心占据了上风，他毅然把自己的银子交给了这位男子，让男子快去请郎中救妻子的命，妇女这才得救。

教书先生回家后，妻子正盼他带回来辛辛苦苦赚到的银子，他自然交不出，只得如实告诉了妻子路上献银救人之事。妻子尽管很失落，但也理解丈夫。他们商量着如何过年，这时孩子们进来嚷着要吃肉。教书先生只好放下斯文，向一个亲戚家赊了个猪头，以打发孩子。妻子将赊来的猪头放入锅中煮了起来，满屋顿时弥漫着猪肉的香味，给几个孩子带来了一些安慰。

正当他们家准备切猪头肉过年的时候，赊给他们猪头的亲戚来了，说是他夫人觉得赊给他的猪头太便宜了，因此和他吵得不可开交，要教书先生帮忙把猪头还给他，否则他家过不了安生年。教书先生无奈，只有将煮熟的猪头还给了那个亲戚。

教书先生献银救人的义举在乡间广为传播，这时正值朝廷在全国各地选拔人才，教书先生被当地官府推荐给了朝廷，加上他又有真才实学，八年十载之后，当上了朝廷六品官员，家庭生活水平自然大大提高，不再为置办年货而发愁了。

这年又逢过春节，教书先生突然想起当年赊猪头过年的往事，感慨万千，欣然做打油诗一首："想当初，可怜可怜真可怜，煮熟猪头还现钱；看今朝，有朝一日时运转，朝朝日日当过年。"

这个故事说明了"爱出者爱返，福往者福来"。

妒忌之心不可有

人有喜庆，不可生妒忌心；人有祸患，不可生喜幸心。

妒忌是指对才能、名誉、地位或境遇等方面超过自己的人心怀怨恨。这句话的意思是说：别人有了吉祥可贺的事，不可生出妒忌心理；而别人遭逢祸事灾难，也不可生出幸灾乐祸的心。

人往往有一种很不好的心理，看见别人比自己好就不舒服，看见别人比自己差又瞧不起。其实这都是由于没有看透人生宇宙的道理。汉代的大文学家贾谊，被称为汉代最有智慧的学者，即使董仲舒也比不上他，结果32岁便去世了。魏晋时的王弼19岁注解《周易》，横绝一世，21岁便去世了。唐朝的大文学家王勃14岁作千古名篇《滕王阁序》，26岁便去世了。现代天才诗人徐志摩也只活了34岁。你话说不清楚，老天就让你写得好文章，韩非子口吃，文章却是一流，与孟子、庄子、荀子齐名，并称庄孟荀韩四大家。大哲学家冯友兰、大史学家顾颉刚两位先生在北大讲课，听者寥寥，可他们的著作却对现代学术产生了不朽的影响。新文化领袖胡适先生在北大兼文学、史学、哲学、教育学、外文五个系的课，讲课时学生把教室挤得水泄不通，窗子外都是人，但胡先生的著作远没有他的讲学精彩。不少人成名时年龄比较大，近代画坛泰斗齐白石50岁才有小名，70岁成中名，90岁得大名。清末大翻译家林琴南成大名也是近50岁了。他的成名作——用古文翻译的《巴黎茶花女遗事》——也是 40 余岁时完成。所以老天是最公平的，它不给你这样，一定会给你那样。另外任何事情都是利有多大，弊就有多大。一个家庭子女多，确实热闹，可是矛盾自然也多。我外祖父曾经给我舅公写信说"有天伦之乐，必有家室之累"，说的就是这个道理。明白了这些道理，心态一下就平衡了，还怎么会有妒忌、幸灾乐祸的心呢？

择友的重要性

狎（xiá）昵（nì）恶少，久必受其累；屈志老成，急则可相依。

狎昵表示与人亲近但态度不庄重；"恶少"指不良少年。这句话的意思是说：和那些恶少来往亲近，时间久了必然受到连累；而谦虚地和老成稳重的人交往，遇到急事就可以向他们讨教。

这句话讲了择友的重要性。与不同的人交往，就会有不同的结果。狎昵恶少有直接、间接两重连累，直接的就是因参与干坏事而受惩，间接的就是自己不知不觉间学坏，最终也变成一个坏人。君子和恶少是很难成为朋友的，因为物以类聚，人以群分嘛。像老舍先生的长篇小说《四世同堂》里，祁老太爷的二孙子祁瑞丰本质并不是多坏，就是因为和坏人冠晓荷、大赤包等人交往亲近，最终成了汉奸。而且恶少都是酒肉朋友，你真正有危难时，他们早已逃之夭夭。

与社会阅历广、经验丰富、稳重厚道的人交往，可以学到许多人生道理，涵养性情，改掉自身的许多毛病。与老成者交朋友，他们能肯定朋友的长处，批评朋友的短处，不会阿谀奉承、敷衍塞责，朋友急难的时候更是鼎力相助，出谋划策。《颜氏家训》中讲："人在少年，神情未定，所与款狎，熏渍陶染，言笑举动无心于学，潜移默化，自然似之，何况操履艺能较明易暗习者也。是以与善人居，如入芝兰之室，久而自芳也；与恶人居，如入鲍鱼之肆，久而自臭也。墨翟悲于染丝，是之谓也，君子必慎交友焉。"意思是说：少年人性格没有定型，和朋友常常亲密相处，互相熏陶浸染，虽然没有存心学习，却因潜移默化，言笑举止，自然相似，何况操行和才能是很容易习练养成的呢？所以和好人相处，如入满栽兰草之室，时间一久，自己便全身是香了；和坏人交往，如入卖咸鱼的铺子，时间一久，自己也沾染了浑身臭气。墨子看见染丝就感慨，丝放进什么染缸就会变成什么颜色，所以有德行的人必定谨慎交友。这段话也深刻地反映了少年谨慎交友的重要性。

　　其实和恶少或老成朋友交往只是表象，只要你自己心中是非善恶标准分明，自然就不会去和恶少来往；只有你自己分不清是非，自己也有不良习气或者意志不坚定，才会和恶少交友。所以，交友的关键在自己要修身成德。所谓"清者自清"，倘若你的德行更高，还可以去教育感化那些品行不好的人。比如《论语》第九篇《子罕》中所记："子欲居九夷。或曰：陋，如之何？子曰：君子居之，何陋之有？"意思就是说，孔子想到东边的少数民族地区那里去住，有的人就说，那里那么鄙陋，怎么能住呢？孔子说：有君子住在那里，又怎么会鄙陋呢？故而真正有德的人可以改变别人甚至移风易俗，又怎么会被别人改变呢？但这是指成德以后的情况，而青少年处在人格养成期，交友是一定要有选择的。那什么是青年择友的标准呢？另外，孔子的弟子曾子说："君子以文会友，以友辅仁。"就是说要在各种积极向上的文艺活动中去交友，交朋友的目的是辅助自己涵养仁德。孔子还说："无友不如己。"就是每个朋友身上都有值得学习的地方，没有哪个朋友不如自己。所以"见贤思齐，见不贤而内自省也"，看到贤德的人就向他看齐，看到不贤德的人就反思自己身上有没有类似问题，这样自己的品德慢慢就提高了。

国家兴亡，匹夫有责

读书志在圣贤，非徒科第；为官心存君国，岂计身家。

读书是要立志做圣贤的，并非仅仅为了科举考试；为官则要心中想着国君与天下，岂能计较个人的身家性命。

整段话可以说将读书人的追求讲得很清楚明白了。《左传》里讲人生有三不朽："太上有立德，其次有立功，其次有立言。"就是说人生最大的基业就是立德，树立崇高的品德；其次是立功，为天下苍生建功立业；最次是立言，如果你不能建功立业，那也应著书立说，将你的思想学说留传下来。这三者中立德是根本，没有伟大的人格，不可能建立奇功伟业，没有崇高的品德，不可能写出伟大的著作。孔子也说过："有德者，必有言。有言者，不必有德。"意思就是说有德行的人必然有话要说，韩愈把它叫作"气盛言溢"；而夸夸其谈、能说会道的人，不一定有道德。三不朽，立德是体，是根本，立功、立言都是立德的功用。圣贤就是能够立德、立功、立言的人。伏羲、炎帝、黄帝、尧、舜、禹、汤、文、武、周公、孔子、孟子等都是中国的圣贤。伏羲画八卦，建立了中国特有的符号系统，八千年后，今天我们还在使用；炎帝播百谷，创立了农耕文明；黄帝则制定了中华民族的衣冠文物制度；尧、舜开创了中华历史上最早的盛世；大禹治洪水，将天下分成九州，使百姓免于灾难；商汤推翻暴君夏桀，文王武王推翻暴君商纣，周公制礼作乐，教化百姓，使中华民族成为千古礼仪之邦，这些都是又立德又立功的圣王。孔子一生凄惶，周游列国不见用，虽没建大功业，但孔子修《诗》《书》、正《礼》《乐》、赞《易》《传》、著《春》《秋》，总结了几千年前的历史文化，奠定了中华民族几千年思想文化的根基；孟子一生亦如孔子不得志，但他继承并发展了孔子思想，著《孟子》七篇，影响深远。孔孟则是又立德又立言的圣人。圣和贤的区别是：有全德者为圣，某方面的德突出者为贤。像黄帝时造字的始祖仓颉，商汤的大臣伊尹，孔子的弟子子贡、子夏、子路等，都是贤人。读书的目的就是要做圣贤，要达成自己的目标，要为社会人民做贡献，要留下有益于人类的言论。圣贤中有大圣大贤，有中圣中贤，有小圣小贤，只要尽自己的努力，每个人都可做圣贤。

　　读书的目的是做圣贤，那为官的目的则应是报效祖国了。做官，要竭尽全力为民众分忧解难，为老百姓做事，老百姓的事就是国家的事。民族英雄林则徐有副对联作得好："苟利国家生死以，岂因祸福避趋之。"这是对"为官心存君国，岂计身家"的最好诠释。如果对国家有利，个人的生死都可以不顾，哪里还会计较个人的祸福而趋往或回避呢？不因祸而避，不因福而趋，就是岂计身家。

三思而后行

　　轻听发言，安知非人之谮诉，当忍耐三思；因事相争，焉知非我之不是，须平心再想。

　　因事相争，安知非我之不是，须平心静想。这句话的意思是：他人说长道短，不可轻信，应当三思，因为你怎么知道他不是在诬陷别人？和别人发生争执，应静下心来再作考虑，因为你怎么知道不是自己的不对？

　　《论语》的《颜渊》篇中孔子说："浸润之谮，肤受之诉，不行焉，可为明也已矣。"意思是说：暗中诬陷，以及当面的诬告，在你那里都行不通，那你可以算是明智之人了。一个明智的人是不会被别人的诬陷之词所迷惑的。一般人听到别人来传两句坏话就跳起来了，很少冷静去思考这话中哪些是事实，哪些是传话人添油加醋，哪些是夸张，哪些是传话人主观臆断。这还只是传话人本身没有恶意的情况。如果传话人是有意来挑拨，那问题就更严重了。《增广贤文》里讲："来说是非者，便是是非人。"但凡一个人到你身边来说长道短，说张三说了你什么，李四又说了你什么，你就一定要注意了，这个人肯定有问题。因为他来说是非，这本身便有错，哪怕说得再逼真，也是错的。人的语言往往与事实有出入，即使描述者主观上是要传达真相。因为语言描述的是描述者心中的真实，描述者心中的真实和客观事实往往是有一定距离的。加之每个人的语言表达能力有差异，各人的学识、修养、境界不同，对事物的认识也大不相同，同样的事物，反映在不同的人心中就有了不同的样子。知道这些道理，我们听别人说话的时候就更应该细细思量，多方参照，不能听了风就是雨，听了这个人的话马上就忌恨或者去辱骂那个所谓说你坏话的人。每个人的话都是一面之词，就像盲人摸象，摸到的都只是象的一部分，把各部分合起来才是完整的大象。

　　下面再谈与人相争的问题。上句谈到来说是非者，便是是非人，这里也一样，只要你和别人相争，你再有道理都没有道理了。俗话说"一个巴掌拍不响"，你和别人起争执，必是两方都在用力，单有一方是争不起来的。如果说你觉得对方有问题、很不对，既然他这个人很有问题，你还和他去争，你不是把自己也等同于和他一样很有问题的人了吗？孔子的弟子子张说："我之大贤欤，于人何所不容。"就是说我如果是个贤德的人，又有哪个人容不下呢？中国文化自古以来讲礼让，孟子说："无辞让之心，非人也。"孔子也说"君子无所争"，为什么呢？因为君子胸襟宽广，什么都看得透彻，什么都能包容。

　　当然上面所说的这些争，是指生活中为名利得失、是非对错发生的言语口角、称讥毁誉之类。但在大是大非面前，比如国家民族大义，那是怎么样也要力争的。历史上每当有外族入侵，会有那么多仁人志士抛头洒热血，那就是争，是为民族独立自由而争，那样的争是崇高伟大的。而我们日常生活中的争往往是因为意气用事，一时冲动。在生活中要想和人少起争执，首先要控制我们的情绪，而更关键的是要开启智慧，深刻地认识人生社会，提高境界，培养宽广的胸怀。人的智慧提升了，境界宽广了，才会看得清楚，想得明白，不会轻易相信别人说的是非，不会老去和人争执，老认为别人是错的，自己是对的。

有一种失败叫瞎忙

在一个山谷的禅房里有一位老禅师，他发现自己有一个徒弟非常勤奋，不管是去化缘，还是去厨房洗菜，这个徒弟从早到晚，忙碌不停。

但是这小徒弟内心很挣扎，他的眼圈越来越黑，终于，他忍不住来找师父。

他对老禅师说："师父，我太累，可也没见什么成就，是什么原因呀？"

老禅师沉思了片刻，说："你把平常化缘的钵拿过来。"

小徒弟就把那个钵取来了，老禅师说："好，把它放在这里吧，你再去给我拿几个核桃过来装满。"

小徒弟不知道师父的用意，捧了一堆核桃进来。这十来个核桃一放到碗里，整个碗就都装满了。

老禅师问小徒弟："你还能拿更多的核桃往碗里放吗？"

"拿不了了，再放核桃进去就该往下滚了。"

"哦，碗已经满了是吗？你再捧些大米过来。"

小徒弟又捧来了一些大米，他沿着核桃的缝隙把大米倒进碗里，竟然又放了很多大米进去，一直放到大米都开始往外掉了。小徒弟才停了下来，突然间好像有所悟："哦，原来碗刚才还没有满。"

"那现在满了吗？"

"现在满了。"

"你再去取些水来。"

小徒弟又去拿水,他拿了一瓢水往碗里倒,在小半碗水倒进去之后,这次连缝隙都被填满了。

老禅师问小徒弟:"这次满了吗?"

小徒弟看着碗满了,但却不敢回答,他不知道师父是不是还能放进去什么东西。

老禅师笑着说:"你再去拿一勺盐过来。"

老禅师又把盐化在水里,水一点儿都没溢出去。

小徒弟似有所悟。老禅师问他:"你说这说明了什么呢?"

小和尚说:"我知道了,这说明了时间只要挤挤总是会有的。"

老禅师却笑着摇了摇头,说:"这并不是我想要告诉你的。"接着老禅师又把钵里的那些东西倒出去,腾出了一只空钵。老禅师缓缓地操作,边倒边说:"刚才我们先放的是核桃,现在我们倒着来,看看会怎么样?"老禅师先放了一勺盐,再往里倒水,倒满之后,当再往碗里放大米的时候,水已经开始往外溢了,而当碗里装满了大米的时候,老禅师问小徒弟:"你看,现在碗里还能放得下核桃吗?"

老禅师说:"如果你的生命是一只碗,当碗中全都是这些大米般细小的事情时,你的那些大核桃又怎么放得进去呢?"

小徒弟这次才彻底明白了。

如果您整日奔波,异常的忙碌,那么,您很有必要想一想:"我们怎样才能先将核桃装进生命当中呢?如果生命是一只碗,又该怎样区别核桃和大米呢?"

如果每个人都清楚自己的核桃是什么,生活就简单轻松了。我们要把核桃先放进生命的碗里去,否则一辈子就会在大米、盐、水这些细小的事情当中,核桃就放不进去了。

世上无难事，只要肯登攀

宋朝有个小伙子叫张友正，他内心很早就有个书法梦，为了实现梦想成为书法家，当时还是普通青年的小张找了间阁楼住下，潜心练习写字。这一"宅"，就是整整三十年，最终风雨之后见彩虹，宅成了一代书法家，扬名立万。连宋神宗看了他的字都赞不绝口，称其草书堪称本朝第一。

人要吃喝拉撒，要柴米油盐，光苦心孤诣地宅着，别说三十年，三个月肚子就得饿瘪。

张友正家境非同一般，爹是当朝大权在握的宰相。即便如此，张友正耗费三十年挥毫泼墨，时间并非唯一代价，吃饭穿衣尚可勤俭节约，每天写那么多字到哪弄钱买纸呢？只有把家宅变卖、换纸练字。

对于张友正来说，不必为生计奔波，实现理想的路上所差的就是胆识——狠心卖掉房产做盘缠勇往向前，快马加鞭未下鞍，惊回首已离天三尺三，梦想触手可及。天下有别墅的人多的是，有书法梦的人也不少，难的是敢于舍墅求书，贵在胆识。

如此看来，对于手头没有家宅却心中有梦的人，岂不是机会渺茫？也不尽然。咱们来看看怀素。

唐朝的书法家怀素，和张友正一样少年时代胸怀书法梦。《怀素别传》称他家里生活贫困，只能在墙上、瓦上练字。怀素想明白了自身条件：家境不宽裕，没钱没房，如果说一定要有的话，那就是一腔热情。条件贫瘠至此，胜算无几，但他仍旧曲径通幽一般找到办法。他投身佛门，和躲进小楼差不多，既找到了一个与世隔绝的环境，又解决了基本的饮食起居等生活问题，然后一门心思地苦练书法。练起字来同样有缺纸的问题，为此，他专门找荒地种上芭蕉树，摘取树叶铺在桌子上当纸。后来又做了一块漆盘和一块漆板，写了擦、擦了写，日复一日竟将盘板写穿。凭着滴水穿石的精神，终成一代杰出书法家。

这两个故事告诉我们，世上无难事，只要肯登攀，即便外在条件悬殊，也能取得同样的成功。普通人眼中的天才看起来卓越非凡，并非天资过人，往往是付出了超乎常人的持续不断的努力。只要经过1万小时的锤炼，任何人都能超越平凡步入超凡。

求人不如求己

有一个年轻的农夫，他很厌恶耕种的生活。于是，他丢弃了原先的田地，独自来到城里闯荡。然而，由于他既没有学问，也没有技术，甚至还因为一次车祸而失去了一条腿。半年过去了，他始终没有找到一个合适的工作，而身上带的钱早就花光了，最后不得不沦为乞丐。

一天已沦为乞丐的农夫听人说，城里住着一位神秘的智者，只要诚心去拜见他，智者就能给别人一个改变命运的秘诀。

于是，这个农夫经过很长时间的打听，终于找到了那位智者。农夫来到智者的家里，智者并没有因他是一名破衣烂衫的乞丐而轻待他。相反，他礼貌地请农夫入座，并亲手给农夫倒上了一杯茶水。然后，他才微笑着问："有什么需要帮助的吗？"

农夫十分感激智者的尊重，连忙说："您能告诉我一个改变命运的秘诀吗？我想变得富有起来。"

听完，智者略带疑惑地问："那你能告诉我，你为什么会沦为乞丐吗？"

农夫羞愧地说："因为我厌倦了耕种，希望在城里找到一条发财的路子，然而这一切并非像我想象的那样简单。"

智者不解地问："那你现在为什么不回到家里重新开始呢？"

农夫嗫嚅道："现在我都沦为乞丐了，还有什么面目回去呢？多丢人啊！"

智者又问："那你现在家里还有什么呢？"

农夫回答说："除了我这个人，就是几亩早已荒芜的土地了。"

此时，智者点了点头，说道："这两个条件足以使你改变命运了，你回家去吧！"

然后，智者递给农夫一包花籽，解释道："等你拉一马车花瓣来，我可以告诉你一个炼金的秘诀，而花瓣就是炼金所必需的引子。"

农夫千恩万谢地离开了智者的居所，并且毫不犹豫地回到了乡下。他不知疲劳地劳作，那些荒芜的土地重新被他开垦出来。然后，他把智者交给他的那些花籽播种在里面。

第一年，他只采得了一竹篓花瓣，因为他留下了大半花朵任其成熟结籽。然后，继续扩大栽种。

第二年，农夫采集了满满一大马车晒制好的花瓣，来到城里。他再一次找到了智者，恳求说："炼金的引子，我已经弄来了，您可以告诉我秘

诀了吗?"

智者看着那一马车晒制好的花瓣,颇为惊讶地说:"这就是你炼出的金子呀!"

原来,这些花瓣是名贵的中药材。智者让他卖给城里的一些药铺。那些药铺见农夫栽种的药材成色好,而且价格还便宜,纷纷要他供货。

临走时,那个农夫拿出很多钱来,欲送给智者,却被智者谢绝了。

农夫异常感激地说:"谢谢您,是您改变了我的命运,您是我的大恩人啊!"

智者却微笑着摇了摇头说:"不要谢我,感谢你自己吧!如果你不肯付出努力,谁又能救得了你呢?"

自己就是自己的救世主。求人不如求己,有的人只会向外求人,而不知道向内求己,何必舍近求远呢!

第四章
礼仪与诚信是生活的法宝

讲诚信重礼仪，是中华民族传统文化中的精华。从历史的视角研究诚信和礼仪，阐述其道德功能，探讨文明的传承与革新，对于拓展人们的视野、加强社会主义精神文明建设，有着重要的理论意义和现实意义。

无礼到处碰壁

礼节在某种程度上是一个人在社会上的通行证，如果没有这张通行证就有可能到处碰壁。

有这样一则笑话，讲的是一个外地年轻人要到李各庄去办事。他走了很长时间，想知道还有多少路程，便去问一位在田间耕作的长者："喂！老头，到李各庄还有多少里路？"长者看了看年轻人，想了一会儿说："年轻人，到李各庄还有三'亩'路程。"

年轻人一听长者的回答，非常生气地指责长者："你们这个地方的人真没文化，路只有多少里的，哪有讲多少'亩'的。我问的是到李各庄还有多少'里'路。"

长者不急不慢地回答道："年轻人，我们这也是讲多少'里'路程的，只是因为你不讲'礼'，所以我也无法跟你讲'里'。"

年轻人这才明白了长者的意思，赶紧向长者赔礼道歉，这才得到了长者的谅解和帮助。

这则小故事说明，礼貌对我们做人是非常重要的。尤其是在需要别人帮助的情况下，就更需要讲礼貌，否则你是难以得到别人的真诚帮助的。

诚信是从政的法宝

孔子曰:"君子不重则不威,学则不固,主忠信,无友不如己者,过则勿惮改。"意思是说君子不自重就没有威信,如果善于学习就不会故步自封;做人要讲忠诚和信用,不要和那些不讲忠诚、不守信用的人交朋友;有了错误不要回避,要勇于改正。

儒家非常重视诚信建设,诚信对于从政者尤其重要。从政者的基础是群众,只有群众相信从政者,从政者的号令才能贯彻执行,否则就会使从政者成为真正的孤家寡人。历史上许多有成就的从政者都非常重视自己的信誉,如"春秋五霸"之一的晋文公重耳就留下了一段以诚信赢得霸业的故事。

重耳的父亲晋献公在位时,宠妃骊姬为了把自己的亲生儿子奚齐立为嗣君,设计害死了晋献公的长子申生,同时也将公子重耳和夷吾逼走了。

重耳历尽千辛万苦,经过齐、曹、宋及郑国,过着流亡的生活,很多国家对他态度冷淡,有的甚至羞辱他。后来,重耳来到楚国,楚成王热情地接待了他,这让他非常感激。

一天,成王设宴款待重耳,忽然问道:"如果公子能够回到晋国做国君,将怎样报答我?"

这个问题可把重耳难住了,他低头想了一下,回答说:"奇珍异宝,

楚国都不缺少，我也不知道该怎样报答您？"

楚成王说："不能一点表示都没有吧！"

重耳只好回答："如果我能够回国当上国君，将来万一楚晋交战，双方军队相遇，我将会率军退避三舍。"

楚成王听了，满意地点了点头。

重耳离开楚国后，来到秦国。在秦穆公的帮助下，在外漂泊了19年的重耳终于回到了晋国，登上了君位，他就是有名的晋文公。

晋文公励精图治，很快使晋国强大起来。有一次楚国攻打宋国，宋国向晋国求救。晋文公率领军队救援，终于与楚军在城濮相遇，想不到当年他在楚成王面前所说的"万一楚晋交战"竟变成了事实。其实，在那个诸侯混战的年代，大国之间刀兵相见算不了什么稀奇事，只是楚成王没有想到晋国的发展会这么快，现在竟然可以与楚国抗衡了，当时的一句"戏言"不幸被言中了。

为了遵守当初许下的诺言，晋文公下令晋军后退90里（三舍），当时晋军将士都不能接受这个命令，认为退后就意味着失败，而目前晋军的士气正旺，怎么能因为当时的一句玩笑而退兵呢？晋文公却认为国君要取信于世人，必须"君子一言，驷马难追"，毅然决定晋军后退90里。

楚军却错误地判断了形势，认为晋军胆怯，趁晋军后退之际迫不及待地进攻。谁知晋军退到90里后，利用有利地形对楚军进行了有力的回击，一举击败了楚军。城濮一战，奠定了晋文公称霸诸侯的基础，使他后来成为春秋五霸之一。

成就事业，孝的高层境界

孔子曾说："武王、周公，其达孝矣乎！夫孝者，善继人之志，善述人之事者也。"译成白话文的意思是："武王、周公他们可以算达到了孝的最高标准了吧！所谓孝，就是善于继承先人的意志，善于完成先人的事业。"孔子对孝做过许多论述，与弟子们进行过不少的讨论。孔子与曾子讨论孝的问题时说："夫孝，德之本也，教之所由生也。身体发肤，受之父母，不敢毁伤，孝至始也。立身行道，扬名于后世，以显父母，孝之终也。夫孝，始于事亲，中于事君，终于立身。"译成白话文的意思是："孝道是德的根本，教育是由孝所产生的。一个人的身体，包括头发肌肤都是父母所给的，要十分珍惜，不能随意毁坏伤害，这是孝的最基本要求。一个人要有自己的事业和理想，做出成就，扬名于后世，为父母增光，为祖宗添彩，这是孝的最高境界。履行孝道开始于对父母的孝敬，然后为君王和国家做事情，最后要实现自己的人生目标，干出一番事业。"

我国有句古话叫"忠孝不能两全"，意思是要正确处理忠与孝之间的关系，如果在可能的情况下，忠于事业和孝敬长辈兼而顾之，如果两者之间出现难以协调的矛盾之时，年轻的时候应以忠于事业为主，如果没有自己的事业，就会违背长辈的意愿，就是不孝。因为没有哪个长辈不希望晚辈能够事业有成的。往大的方面说，是为国争光；往小的方面说，是光宗耀祖。晚辈如果有所成就，长辈的心灵会得到最大的安慰，如果晚辈不争气，违法犯罪，甚至被判刑枪毙，则是对长辈最大的打击，也是晚辈最大的不孝。媒体上就有过许多这方面的报道，如某某高官东窗事发，获罪入狱，老父老母精神紧张，心脏病发作，抢救无效，撒手人寰。

因此，孝心对于我们每个人来说都是具体的，不管能否天天在父母身边端茶送水、嘘寒问暖，如果能努力干好自己的本职工作，做出好的业绩，也是对父母尽孝的一种方式。

晏子崇俭，誉载千古

节俭作为一种美德，如果发生在百姓身上是值得赞赏的；如果发生在名人身上，不仅会得到人们的赞赏，而且会广为流传。比如发生在晏子身上的节俭故事就流传至今。

晏子是春秋时期杰出的政治家、外交家和思想家，而且是一个非常注重节俭的人。晏子虽然官至齐相，地位很高，但他的住房却很破旧，齐景公得知这一情况后，心里十分过意不去，特意为他建造了新居，劝他搬进去住。可是晏子却说："我的先人一直在这里居住，生活得挺好，我不能因为贪图享受而将好传统丢掉啊！"最后，晏子还是坚持住在破旧的祖屋，而没有搬进豪华的新居。

在生活上，晏子也十分节俭。据说晏子有一件裘皮大衣，居然穿了三十年也没有换过，因此有些官员以此来嘲笑晏子，但是晏子却不以为然。像晏子这样的高官贵族能有这样的精神和作风，其美德确实值得今人好好学习。

刘邦纳谏定礼制

决定一个国家机器能否有序运转的因素，除了法制之外，还需要道德礼制，如果缺乏道德礼制，那么国家也难以正常有效地运行。据史料介绍，经过春秋战国的长期混战，周朝的礼制遭到了严重的破坏，到了汉高祖刘邦取得天下时，礼制所剩无几，如刘邦本人就不怎么读书，文化水平低，他主要是懂得用人之道，在张良、萧何、韩信等文臣武将的辅佐之下打败了项羽而取得了天下。

据说刘邦做了皇帝后仍然平易近人，与那帮一起打天下的功臣们称兄道弟，没有规矩。一次，刘邦与这些哥们儿一起喝酒，刘邦说身体不适不能再喝，可是那帮哥们儿却仍然一起灌刘邦的酒，灌得刘邦狼狈不堪。

过了几天，有一位叫叔孙通的博士站出来，向刘邦上了一道奏章，建议朝廷应该尽快制定并实施礼制，君臣要有一定的礼仪之规，否则君将不君，臣将不臣，国家无法治理。刘邦觉得这是个好主意，就采纳了叔孙通的建议，由叔孙通负责制定了一套严格的朝廷礼制，于是有了后来的皇帝高居金銮宝殿、两边卫士站立身后护卫、文武大臣按次序站立两班、汇报工作要出列跪拜等一套礼制。

礼制从某种意义上说，是政府正常运行的保证。

关羽封金挂印辞曹营

说到崇尚道义，不能不说说三国时的"汉寿亭侯"关羽。在中国，孔子被奉为"文圣"，关羽被奉为"武圣"。供奉文圣孔子的文宣王庙有很多，过去在各个城邑都有这类建筑，而供奉武圣关羽的关公庙的数量则远远超过了文宣王庙。在清朝时期，仅北京一地的关公庙就有116座。而且有些关公庙的建筑规模也远远超过了祭祀孔子的文庙。如在拥有2000余万人口的我国台湾，关公信徒多达800万之众，几乎各家各户都为关公设香案，立牌位，挂圣像。台湾的关公画像年销售量，远远超过了神祇妈祖。在今天我国各地的许多酒店，也仍然供奉着关公的雕像，以求关公的保护。晋商也许是与关公同乡的缘故，只要晋商势力较大的城市，就有晋商出资修建的关公庙。晋商之所以能够在中国兴旺几百年，一个重要原因就是因为晋商普遍讲诚信、重义气，同乡之间的同行不是冤家对头，而是合作伙伴，一家有了难处，大家相互帮助。总之，关公成了许多中国人心目中的神，其地位非常之高。

那么，关公为什么会在中国人的心中有这么高的地位呢？这显然是值得今天的我们认真探寻和思考的。我觉得最主要的原因，应该与关公好义、重义的品德分不开，也正是这个"义"字引起了中国人的共鸣和对关公的崇拜。

关羽与刘备、张飞当年在桃园三结义，许下了同生共死的誓言，并且他们都努力实践着许下的誓言。《三国演义》中就花了很大的篇幅来介绍关羽重义轻利的义举。

例如，当关羽与刘备、张飞在曹操的追剿下被冲散之后，为了保护刘备的夫人，关羽在曹操部将张辽的游说下，与曹操约法三章之后依附了曹操。曹操为了收买关羽，用尽请客送礼等各种办法，还相继给关羽送来美人、黄金、战袍、赤兔马，又利用手中的权力封了关羽一个"汉寿亭侯"。尽管这些物质利益很诱惑人，但始终未能改变关羽对刘备的忠义。当关羽打听到刘备的下落之后，毅然封金挂印，过五关斩六将，克服了重重困难险阻，与兄弟相聚。这段故事在我国一直广为流传，令人肃然起敬、为之动容。

另外，关羽还不愧为一位光明磊落、知恩图报的君子。当年身在曹营时，他帮助曹操斩杀了颜良和文丑这两员敌军大将，而且当曹操在赤壁之战中大败之后，关羽奉军师诸葛亮之命把守曹操败退的必经之路华容道。面对落荒而逃、狼狈不堪的曹操，关羽念及当年曹操对自己的恩情，冒着违令杀头的危险，放了曹操一马，由此足见关羽是一位有情有义的英雄。

竹头木屑，有大用场

"竹头木屑"这句成语出自东晋时的陶侃。陶侃为庐江浔阳（今湖北黄梅西南）人，父亲早年亡故，自幼由母亲抚养成人。陶母教子恩威并重。陶侃在县内当小吏，有一次，将公家分的鱼托人带回家孝敬慈母，陶母纹丝未动，将原物封好退回，并写信责备陶侃，要他当官必须洁身自好，不允许公私不分。陶母还告诫陶侃说："你想这样用公物来取悦于我，反而增加了我的忧虑。"这番教导，对陶侃后来勤劳节俭、为官清廉有很大的影响。

陶侃为官名声甚好，仕途发展较快，历任武冈县令、武昌太守、荆州刺史、广州刺史、侍中、太尉等官职，政绩卓著。特别是他曾作为主帅，指挥平定了苏峻、祖约之乱，有再造晋室之功。陶侃身为大将军时，却极惜物力，被誉为管理有方、勤俭节约的帅才。

一次，陶侃的军队里面造船，他命令将造船时剩余的那些锯末、木片、竹头等都收拾好。当时人们皆不解其意，暗中笑其吝啬。后来，有一年大年初一，那天正好雪后初晴，地面很滑，可官员们又要去衙门聚会，并接受属吏的致贺，这么滑的路面，大家心里都有些发憷。

这时，陶侃就让人把锯末撒在大厅之前，人们行走起来非常安全方便。众人始悟。

还有一次，新任荆州刺史桓温率军入蜀，造船缺钉，无计可施。当众人想到陶侃生前收集的堆积如山的竹头时，便以竹头削钉造船，解决了军中一大难题，众人更加领悟陶侃当初所为。

可见，即使小如竹头木屑这样的器物，只要安排得当，也可以发挥大用处，关键在人们平时要养成节俭的意识和习惯，凡事要从长远来考虑。

夸奢斗富，必遭败亡

在我国历史上和现实生活中，有一些暴发户，不仅不知道节俭，而且倚权仗财，夸奢斗富，以满足自己的畸形心理，这些人因为违背天理人心，终将会受到惩罚。

在我国晋朝时期就有两位这样的暴发户：一个是高官石崇，他搜刮民脂民膏，劫掠客商财富，及至富甲天下。当时他自称除天子之家外，他是天下第一富户。另一个是外戚王恺，他倚仗皇室势力，家中也十分富有，他对石崇不服气，两人多次斗富，王恺虽然有武帝的支持，仍然没有取胜。

有一次，王恺将御赐的二尺多高的珊瑚树向石崇炫耀，没料想石崇随手拿起铁石故意将它击碎了，随后又搬出自己家中六七株三四尺高的珊瑚树，结果弄得王恺气恼不已。

石崇的巨富和奢侈引起了统治者的不安。八王之乱时，朝廷以结党之罪把他杀了，石家的万贯家财灰飞烟灭，家人散尽，仆役充公。当然，王恺后来也没有得到好下场。

切记！骄奢淫逸、斗富赌气是做人的一大忌讳。

第五章
时刻为他人着想

孔子把自身修养与齐家、治国、平天下联系在一起，可谓见微知著，由小及大。我们应注重修养，实践慎独，努力做一个高尚的人，一个有道德的人，一个脱离低级趣味的人，一个有益于人民的人。

慎独美德，中外崇尚

我国古代的贤哲智者都非常注重以慎独作为自己修身养性的标准，"慎独"在《论语》中是这样论述的："是故君子戒慎乎其所不睹，恐惧乎其所不闻。莫见乎隐，莫显乎微，故君子慎其独也。"译成白话文的意思是："君子就是在别人眼睛看不到的地方，也要谨慎小心；在别人听不到的地方，也要警惕注意。隐秘的事情没有不被人发现的，细微的事情没有不被显露出来的，所以君子在个人独处的时候，也要谨慎小心。"

《大学》从修身的角度对慎独作了深刻的阐述。《大学》曰："所谓诚其意者，毋自欺也。如恶恶臭，如好好色，此之谓自谦。故君子必慎其独也。小人闲居为不善，无所不至，见君子而后厌然，掩其不善，而著其善。人之视己，如见其肺肝然，则何益矣。此谓诚于中，形于外，故君子必慎其独也。曾子曰：'十目所视，十手所指，其严乎！'富润屋，德润身，心广体胖，故君子必诚其意。"意思是说，要使自己的意念诚实，就不要自欺欺人。要像憎恶腐臭的气味一样，要像喜欢美好的容貌一样，这就是说自己不亏心。因此，君子独处时必须谨慎。小人独居，干不好的事情，没有什么做不出来的；看见了君子，这才躲躲藏藏的把不好的遮盖起来，把好的显示出来。其实人们看他，正像看透他的五脏六腑一样，躲藏遮盖又有什么益处呢？这就是说，里面有什么样的东西，外面就必然会有什么样的表现。所以君子必须在独居时很谨慎。曾子说："十只眼睛都在注视着，十个手都在指点着，这是多么严肃可畏啊！"财富可以修饰房屋，德行可以修饰人身，心胸宽广可以使身体舒适，所以君子必须使自己的意念诚实。

《论语》和《大学》中对慎独的论述，可谓鞭辟入里。

蔡文姬是生活在东汉末年的才女，在兵荒马乱之中被胡人掳掠西去。她创作的《胡笳十八拍》是一首感人肺腑的千古绝唱，也是蔡文姬心意的流淌、血泪的结晶和当时动乱现象的真实写照，因此千古流传。

蔡文姬得以在我国文学史上有一定的地位，与其父亲蔡邕的家教是分不开的。蔡邕曾作《女训》曰："心犹首面也，是以甚致饰焉。面一旦不思善，则尘垢秽之；心一朝不思善，则邪恶入之。人咸知饰其面而不修其心，惑矣。夫面之不饰，愚者谓之丑；心之不修，贤者谓之恶。愚者谓之丑犹可，贤者谓之恶，将何容焉？故览照拭面，则思其心之洁也；傅脂，则思其心之和也；加粉，则思其心之鲜也；泽发，则思其心之顺也；用栉，则思其心之正也；摄鬓，则思其心之整也。"

这段话的意思是说：人的心就像人的脸，因此需要注意修饰。脸一旦不洗就会沾满灰土；同样，心如果不经常向善，就会受到邪恶想法的侵蚀。人们都知道每天修饰自己的脸，却不懂得修正自己的心，这实在令人疑惑啊！脸不加修饰，傻子会认为丑陋难看；而心灵如果不加修炼的话，贤者会认为是邪恶，这就更加令人难以自容了。所以每天照镜子和洗脸时，要想到让自己的内心也保持洁净；擦抹脂粉时，要思考自己的心境是不是也平和向上；洗头梳发时，要想到使内心条理清晰，正直无私。

蔡老先生不愧为贤者，通过女儿的梳理化妆、修饰外在的美而引申到内心的修养，把内心的修养当作每天的功课。这篇家训不仅值得巾帼女子好好阅读，而且须眉男儿也应该认真学习，从中汲取做人的智慧，陶冶高尚的情操。

不受人鱼，可长吃鱼

我国古代有许多官员懂得廉洁的好处，认清了事物的本末，体现出了大智慧。

春秋时期，鲁国有一位名叫公仪休的宰相就非常明智，他懂得勤政廉洁是本，职位俸禄是末，他人送礼给他是因为他有职权，想从他的职权中得到好处，而他的职权又是由他的勤政廉洁、为国效忠获得的。因此在位期间，公仪休从不接受别人的送礼，由此获得了美名。

公仪休身为宰相，大权在握，而且他非常喜欢吃鱼，所以鲁国有一些为了谋求个人利益的人，争先恐后地买好鱼来送给他。可是每次别人送鱼给他，都被挡在了门外，来人最后只好把鱼带回去。

公仪休的弟弟对此很不理解，他问公仪休："兄长不是很喜欢吃鱼吗？他们既然诚心送给你，为什么不收呢？"公仪休笑了笑，说："正是因为我喜欢吃鱼，所以才不收人家送来的鱼呀！你想想看，如果我收了人家的鱼，就欠了人家一份人情，欠了人家的人情就要为人家办事。人家就是因为有难办的事，才会舍弃钱财来托这个人情。收了人家的礼，为人家办不该办的事，岂不是徇私枉法吗？"

弟弟虽然点头称是，但总觉得兄长说得未免过于严重了，于是不屑地说："兄长实在把事情看得过于严重了，吃人家送的鱼未必能和徇私枉法联系在一起。再说，亲朋好友托人说情也是人之常情，算不了什么。"

公仪休板起面孔，十分严肃地说："别的不说，可那样做的话，我以后就吃不成鱼了。因为收了人情，为人办违反法律的事，我便会丢了官，丢了官还会有人送鱼给我吗？现在我不收人家的鱼，至少我可以自己买鱼来吃，而且心安理得。你说哪样更好呢？"

听了公仪休的一番话，弟弟佩服得五体投地。

日勤三省，夜惕四知

这句贤文出自我国历史上的两个典故：一个是孔子的学生曾子，另一个是东汉时期的东莱太守杨震。

"日勤三省"是关于曾子的：曾子坚持"吾日三省吾身：为人谋而不忠乎？与朋友交而不信乎？传不习乎？"翻译成现代白话文的意思就是："我每天多次反省自己：做事是否敬业？与人交往是否诚信？学过的东西是否经常复习？"

"夜惕四知"出自东汉时期的名士杨震。杨震被称为"关西孔子"。他做官后，十分清廉，从不接受别人的贿赂。他在任东莱太守时，有一次路过山东的昌邑，他的学生王密正在这里做县令。夜里，王密带着十斤黄金来见杨震。杨震非常生气地说："故人知君，君不知故人，何也？"王密说："暮夜无知者。"杨震反驳道："天知、地知、我知、子知，何谓无知也?"王密听后十分惭愧,只好带着黄金告退。从此,人们都知道杨震是一个清廉无私的人,杨震也因此而名传千古。

"日勤三省,夜惕四知"要求我们,做人要像曾子那样经常反省自己,修正错误,扬长避短,完善自我;还要像杨震那样清正廉洁、远离贪欲。

种上庄稼,消除杂草

一位博士生导师带着他的一批弟子参加社会实践,周游了许多名山胜景,拜访了许多官员和学者,现在就要回到学校了,弟子们自以为见多识广,满腹经纶。

在进学校之前,导师领着弟子在郊外的一片草地上坐了下来,准备给弟子们上最后一课。

弟子们围着导师坐下,导师问:"我们现在坐在什么地方?"弟子们说:"现在我们坐在郊外的旷野里。"导师又问:"旷野里长着什么?"子弟们说:"长满了杂草。"

导师说:"现在我想知道,如何除掉这些杂草。"弟子们非常惊愕,他们没有想到老师会问这么简单的问题。

第一个弟子说:"老师,只要有铲子就够了。"导师点了点头。

第二个弟子说:"用火烧也是很好的一种办法。"导师微微笑了笑。

第三个弟子说:"撒上石灰就会除掉所有的杂草。"

接着第四个弟子说:"斩草除根,只要把根挖出来就行了。"

等弟子们都讲完了,导师站了起来,说:"讨论就到这里,你们回去后,按照各自的方法除去一片杂草。一年后,再来这里相聚。"

一年后,弟子们都来了,不过原来相聚的地方已不再是杂草丛生的旷野,而是变成了一片长满谷子的庄稼地。弟子们在谷地边上坐下,等待导师到来,可是一向守信的导师始终没有来。

几年以后,导师逝世了,弟子们在整理他的文稿时,发现了导师写下的结论:要想除掉旷野里的杂草,方法只有一种,那就是在上面种上庄稼。同样,要想让灵魂纯洁,唯一的方法就是用美德去占据它。

追求人生,乐于奉献

一个人活在世上,怎样才能使生命更有意义呢?古今中外的许多贤者都认为能够为社会、为他人多做奉献才有意义,如果仅仅是向社会和他人索取,那么这样的人生是毫无价值的。老子是我国历史上的大智者,他曾与一位老翁探讨过有关寿命长短和人生意义的问题。

老翁对老子说:"听说先生博学多才,老朽愿向您讨教一个问题。"

接着,老翁得意地说:"我今年已经一百零六岁了。说实在话,我从年少到现在,一直是游手好闲的轻松度日。与我同龄的人都纷纷作古,他们开垦百亩良田却没有一席之地,盖了豪华的屋宇却落身于郊外的孤坟。

而我呢，虽一生不稼不穑，却还吃着五谷；虽没制作只砖片瓦，却仍然居住在避风挡雨的房舍中。先生，是不是我现在可以嘲笑他们忙忙碌碌劳作一生，只是给自己换来个早逝呢？"

老子听了，微微一笑，吩咐一名弟子说："找一块砖头和一块石头来。"

老子将砖头和石头放在老翁面前，说："如果只能择其一，仙翁您是愿意要砖头还是愿意要石头？"

老翁得意地取过砖头放在自己面前，说："我当然选择砖头。"

老子抚须笑着问老翁："为什么呢？"

老翁指着石头说："这石头没棱没角，取它何用？而砖头能够砌墙盖房，大有用场。"

老子又招呼围观的众人问："大家要石头还是要砖头？"众人都纷纷说要砖头而不要石头。

老子又回过头来问老翁："是石头寿命长呢，还是砖头寿命长？"

老翁说："当然是石头的寿命长。"

老子释然而笑，说："石头寿命长，人们却不择它；砖头寿命短，人们却择它，不过是有用和没用罢了。天地万物莫不如此。寿虽短，于人于天有益，天人皆择之，皆念之，短亦不短；寿虽长，于人于天无用，天人皆摒弃，倏忽忘之，长亦不长啊！"

听罢老子的一番宏论，老翁无地自容。

这则典故说明，人生的价值不在于生命的长短，不在于索取多少，而在于是否为他人和社会多做奉献。

不求回报，美名传扬

一个社会如果人人都想索取，那么谁都无法得到自己想要的东西；如果人人都想着多做奉献，并且努力去实践，那么大家自然会得到相应的回报。

隋朝时期，一个叫李士谦的人把几千石粮食借给了同乡的人。刚巧这年粮食歉收，借粮的人无法偿还。李士谦就把所有借粮的人请来，摆下酒食款待他们，并当着他们的面把债券都烧了，说："债务了结了，不用你们还了。"

第二年粮食大丰收，借了粮食的人不仅都争着来还，而且还多还了许多给李士谦。李士谦无法拒绝，只好与乡友们商量说，你们还我的粮食就算暂且存放在我家的粮仓里，你们如有需要，随时来取。乡友们无不感激，李士谦的善举由此传遍乡里，成为一时美谈。

先有付出，后有收获

"四书"之首的《大学》教育人们要知道物有本末，事有终始，只有知道本末先后的人才能掌握自然规律。在竞争激烈的生意场上，付出是本，收获是末，只有付出才有收获。对于本末的认识，看似是一个非常简单的问题，但还有许多人不太明白。

有这样一个故事：一位商人在经营上遇到了难题，市场不断萎缩，资金周转困难，于是他去请教一位禅师。

禅师说："后面的禅院里有一架压水机，你去给我打一桶水来！"

半晌，商人汗流浃背地跑来说："禅师，压水机下面是枯井，压不出水来。"

禅师说："那你就去山下给我买一桶水来吧。"

商人去了，回来后仅拎了半桶水。

禅师说："我不是让你买一桶水吗，怎么才半桶呢？"

商人红着脸，连忙解释说："不是我怕花钱，而是山高路远，实在不好拎呀！"

"可是我需要一桶水，那就麻烦你再跑一趟吧！"禅师坚持说。

商人又到山下买了一桶水回来。禅师说："现在我可以告诉你解决的办法了。"于是带着商人来到压水机旁，说："将那半桶水统统倒进去。"

商人非常疑惑，犹豫着未动。

"倒进去！"禅师命令着。

于是，商人将那半桶水倒进压水机里。禅师让他压水看看。商人试了试，可只听那井口呼呼作响，没有一滴水出来，那半桶水全让压水机吞进去了。

商人恍然大悟，又拎起那整桶水全部倒进去，接着再压，果然清澈的水喷涌而出。

这则故事说明，只有先舍得奉献，然后才能得到回报。不舍得奉献的人，是无法得到回报的。

以德抱怨，与人为善

当别人做了对不起我们的事，我们有理的时候，是以牙还牙呢，还是高抬贵手、放人一马呢？北宋名臣王旦在这方面就很值得我们学习。

王旦担任司空中书时，一次送到枢密院的文件因格式不符合规定，被寇准告到了皇帝那儿，王旦因此受到了严厉的斥责。

不到一个月，枢密院有事情，需要送文件到中书省，谁知枢密院的文件也出现了不符合规定的错误。值班官吏高兴地把它送给了王旦，以为可以乘机报复一下枢密院的寇准，出以前那口恶气。但是王旦并没有将此事上报朝廷，而是指出了错误，将文件退还给枢密院，并通知他们修改后重

新上报。寇准知道这件事情后，心里感到十分惭愧。

当寇准见到王旦时，佩服地说："仁兄的度量真大啊！今后我要好好向仁兄学习。"王旦却说："我这样处理这件事情，这是我做人的本分。我们之间如果冤冤相报，何日是头？我们同朝为官，理应互相宽容，互相帮助，同为朝廷效力，个人之间的恩怨应该抛置脑后。"

王旦这种以德报怨的做法，深深地感染了恩怨分明的寇准。从此以后，寇准一直将王旦当作知己。

手下留情，友敌为友

著名晋商乔致庸也给后人留下了"得理让人"的故事。正是通过这种手下留情的做法，使乔致庸赢得了一位朋友。

当年，乔致庸的兄长乔致广因与邱天俊在包头争做高粱霸盘，误入邱家设置的圈套，大量吃进高粱，结果银根吃紧，陷入困境，面临倒闭，乔致广因此悲愤成疾，过早去世。对乔家来说，邱家是不共戴天的仇敌。

乔致庸执掌乔家生意后，在师爷孙茂才的协助下，略施小计，使邱家大上其当，形势急转直下，面临破产。在这样的情况下，是发泄私愤，报仇为快，还是得理让人，共建商界秩序，考验着乔致庸。在孙茂才的劝导下，乔致庸没有对邱家落井下石、穷追猛打，而是抛弃家仇大恨，主动与邱家和解，帮助邱家解困。

乔致庸此举着实让邱家感动不已。邱老东家发誓不仅不再与乔家为敌，而且还要在乔家有难的时候鼎力相助。当乔致庸帮助左宗棠西征新疆的时候，邱家果然献出巨资相援，履行了当初的诺言。

给人台阶下

中国有一句老话叫"和气生财"。在商业经营中，即使遇到客人的无理行为，也尽量不要把事情弄僵，最好是能给客人一个体面的台阶，让他自己走下去，这样既不使自己公司遭受损失，也不至于得罪客人。

上海有一家高档酒店，经常有外宾慕名而来。一天，一位外宾吃完最后一道菜后，顺手将一双精美的景泰蓝筷子悄悄地插进了自己的衣服口袋里。

这一幕被站在他身后的服务小姐看到了。于是，她回身取来了一只装有一双景泰蓝筷子的小盒子，双手捧着，不动声色地迎上前去，对这位外宾说："我发现先生在用餐时，对我国的景泰蓝筷子非常喜欢。为了表达我们酒店的感激之情，经餐厅主管批准，我代表酒店将这双图案精美，并经过严格消毒的景泰蓝筷子送给您，我们将按照酒店的优惠价格记在您账上，您看可以吗？"

这位外宾自然听出了服务小姐的弦外之音，在对服务小姐如此周到的服务表示谢意之后，他趁机说自己多喝了两杯，头脑有点发晕，误将筷子插入了自己的口袋。然后，外宾借此台阶而下，说："既然这种筷子没有消毒就不好用，我就以旧换新吧！"说着，接过了服务小姐送上的小盒子，然后取出内衣口袋里的筷子，放回了桌上。

服务小姐得理也让人，巧妙地处理了这起令外宾尴尬的事情。假如换一种方式来处理，或当面说外宾偷筷子，让他拿出来；或让酒店的保安来处理这件事情，恐怕其效果都不会很好。因此，有时给别人一个台阶，保住别人的尊严，不失为明智的选择。

代人受过，百姓爱戴

在现实生活中，不少人好大喜功，争功诿过，弄得团队内部人人自危、关系紧张。如果团队工作中出现了错误，大家主动承担、推功揽过，那么就会是另外一番情形：一来可以为同事减轻责任和压力，赢得良好的人际关系；二来有利于自己从中汲取教训，提高自身的素质。其实，那些习惯于诿过的人是很难得到成长和进步的，主要原因是他们不会从错误中汲取教训，因而也不会去思考如何避免和改正错误。而品德高尚的人则不屑于争功诿过，他们崇尚的是推功揽过。在这方面，古人也给我们留下了许多值得学习的事例。

东汉时期的陈寔出身寒微，时任颍川郡西门亭长。同郡人钟皓，以行为端正著称，前后九次被三公府征召，辈分远在陈寔之上，却跟陈寔结为好友。

钟皓原来担任郡功曹，后来被征召到司徒府任职，临行前向郡太守辞别时，太守问他："谁能接替你的职务？"

钟皓回答说："如果您一定想得到合适的人选，非西门亭长陈寔莫属。"

陈寔听说后，说："钟君好像不会看人，不知道为什么偏偏推荐我？"但太守还是任命陈寔为郡功曹。

有一次，中常侍侯览托郡太守高伦任用自己推荐的人为吏，高伦就任命这个人为文学掾。陈寔知道此人不能胜任，就去求见高伦，说："这个人原本不能任用，但是也不能违背侯常侍的托付。不如让我来签署这个任命，这样就不会玷污您的品德。"

高伦答应了陈寔。大家知道了这个任命，都纷纷议论，责怪陈寔怎么会任用这样不称职的人，陈寔却始终没有辩解。

后来，高伦被提升到朝廷担任尚书，士绅都来送行。高伦对他们说："我以前任命侯常侍推荐的人为吏，陈寔却悄悄地把我签署的任命书送回来，改由他来签署。我听说大家议论这件事，因此轻视陈寔，但这都是因为我畏惧侯览的势力，他为我分担忧愁才这样做的。陈寔可以称得上是把善行归于别人，把过错留给自己，能够吃亏的君子啊。"

但陈寔仍然坚持是自己的过失，人们知道了事情的原委之后都很感慨，天下人因此都佩服陈寔的品德。

后来，陈寔担任太丘县的长官。他修饬德教，无为而治，百姓得以安居乐业，邻县的百姓前来归附，陈寔总是劝导他们，然后把他们遣送回去。一次，上级官员来视察，县吏害怕百姓上诉，就告诉陈寔，想让他加以制止，陈寔说："上诉是为了求公道，如果加以制止，百姓还怎么申冤明理呢？不要约束百姓上诉。"

前来视察的官员听说后，叹息说："陈君能说出这样的话，难道会冤枉人吗？"而且确实也没有前来上诉的人。

陈寔辞职还乡时，许多百姓主动前来相送，若干年后，人们仍然很怀念他。陈寔以他的个人修养赢得了民心，为后世树立了一个清官的榜样。

第六章
低调做人，高调做事

大智若愚，实乃养晦之术。这种甘为愚钝、甘当弱者的低调做人术，实际上是精于算计的隐蔽，它鼓励人们不求争先、不露真相，让自己明明白白过一生。

功成而弗居，做人大智慧

《道德经》曰："生而不有，为而不恃，功成而弗居；夫唯弗居，是以不去。"也就是说，生养万物而不据为己有，培育万物而不自恃己能，功成名就而不自我夸耀。正是因为如此，所以功绩才不会泯灭。老子的这番论述，深刻地揭示了如何居官做人的智慧。

居功为何不能自傲？仔细想来，有以下几条原因：

首先，"功"是人为设定的东西，既有一定的客观性，但也有一定的主观性。对功的评价也很难有一个完全科学的客观标准，比如现在许多企业实行的年终评比，这种设定先进比例，无记名投票的方式，能够保证评出的先进都很过硬吗？没有评上的人能够服气吗？显然是难以做到的。

其次，从经济学原理来看，也不能居功自傲。经济学是解决资源的有限性和需求的无限性之间的矛盾的。比如陆地上的空气是无限的，很少因为空气而发生纠纷的案例。而名利则是一种有限资源，因此发生纷争的案例在古今中外比比皆是。古时候因功封王封侯，赐地赏银，这些都是人们羡慕和追求的东西，而国家的财物和土地是有限的，你多得别人就会少得，别人若想多得，就要想办法让你少得，于是就出现了嫉妒、夺权、去位、陷害、谋杀。因此，要想保住荣华富贵，就不能居功自傲。有时候，居功不傲都面临这样或那样的风险，如果骄傲的话，那只会加速败亡。因此，有些时候急流勇退乃是明智之举。

再次，从政治学的角度考虑，居功也不能自傲。无论是宋朝的赵匡胤，还是明朝的朱元璋，在夺取天下之后，都要处理那些同生共死、浴血奋战、劳苦功高的开国元勋，只不过他们采取的方式略有不同罢了。赵匡胤的方式比较柔和，他用"杯酒释兵权"的策略，为开国元勋们留了一条生路，让他们远离权柄、颐养天年。而朱元璋采取的手段却比较残忍，开国元勋们大都被他找各种借口杀掉。这些开国皇帝为什么要这么做呢？其实道理很明显。有些开国元勋功高盖主，如果他们居功自傲的话，哪个皇帝能容忍呢？还有些开国元勋培植自己的势力，则更是皇帝不能容忍的。另外，开国皇帝还要考虑基业常青的问题，如果继位的小皇帝年幼功薄，将如何指挥这些功高盖世的老臣呢？因此，从政治学的角度来讲，如果能够做到居功不傲，自行收敛，就是很好的自我保护。

居功不自傲，魏绛受重用

有了功劳而不骄傲，反而放低姿态，就会化解别人的嫉妒，得以自保。春秋时期晋国国卿魏绛在这方面就值得后人学习。

魏绛的先祖是庶人，与周同姓，因伐纣有功而被周武王封于毕，于是以毕为姓；后来辅佐晋献公，因伐霍、耿等国有功，封于魏，遂又以魏为姓。晋文公时，魏氏列为大夫。晋悼公元年（公元前573年），魏绛为司马，执掌军法。

晋悼公大会诸侯，想借此夸耀他的地位和实力，而他弟弟杨干却扰乱随从仪仗军的行列。魏绛严格执法，戮死杨干的仆从，此举震惊了众人，魏绛名声远扬。没想到晋悼公非常恼怒，认为魏绛这是在污辱自己，破坏自己的声望，所以一定要杀魏绛。

魏绛执法时已考虑到严重的后果，但为了整肃军纪，他已经将自身利害置之度外。执法完毕，魏绛上书陈述行刑的理由："军师不武，执事不敬，罪莫大焉。"还说出了杨干出了这样的事，说明军纪松弛，自己身为司马，应负责任。但在诸侯会盟这样的重要场合，如不执行军法，后果将不堪设想。对杨干之仆行刑，确实是迫不得已，自己一向未能尽职尽责，愿以一死谢过。

呈书以后，魏绛即要自杀，被人拦住。晋悼公阅书后大受感动，匆忙赤足出外，向魏绛道歉。后来晋悼公又专门设宴与魏绛欢叙，并擢升其为新军将佐，委以重任。

魏绛还向悼公提出了"和戎"的重要主张，即与少数民族改善关系。当时与晋国相邻的北方少数民族时常与晋发生战争，数为边患。以前从无和戎之说，只是讨伐，故很难理解和戎的积极意义，当时悼公即说："戎狄无亲而贪，不如伐之。"魏绛恳切地向悼公陈述了和戎的"五利"：第一，可以利用游牧民族轻视土地、重视财货的习俗，发展对戎狄的贸易；第二，没有战争，人民安居乐业，利于发展农业生产；第三，戎狄事晋，四邻震动，在诸侯争霸中有威慑作用；第四，维持和平局面，军队得到休养，军备物资不需消耗，可以保存晋国实力；第五，借鉴历史的经验，只有采用以德服人的办法，才能保持长久的安宁局面。经过这些详细解释，魏绛终于说服了晋悼公，并受托和戎。

魏绛从国家大局出发，冲破传统偏见的束缚，积极主张和戎，开创了我国历史上汉族争取团结少数民族的先例。和戎政策实施后大见成效，到晋悼公十二年（公元前561年），仅短短的8年时间内，便取得了汉戎和睦相处的局面。悼公非常高兴，将郑国赠送的乐师、乐器、女乐的一半赐给魏绛，说："先生教寡人和戎，以正诸华。八年之中九合诸侯，如乐律那样和谐，就请先生接受这些赏赐。"

但是魏绛并没有接受，而是谢绝了所赐，谦虚地对悼公说："和戎狄乃国之福，是君之威，也是其他人的功劳，臣并没有出什么力气。"

魏绛不但在八年之中九合诸侯，而且带兵打仗多有战功。他还曾请悼公赈济贫民，解除民困，赢得了民心。所有这些，都给魏绛赢得了巨大的荣誉和名声，可是魏绛从不骄傲炫耀。魏绛后来因功改封安邑（今属山西运城市），卒后谥为"昭子"。

周亚夫执纪如山

周亚夫是汉朝功勋卓著的将军，以英勇善战、严守军纪著称。有一次，汉文帝要亲自犒劳军队，先到达驻扎在霸上和棘门的军营，文帝一行直接骑马进入营寨，将军和他的部下都骑马前来迎送。

接着文帝到达细柳的军营，那里驻扎着周亚夫的军队。只见细柳营的将士们都身披铠甲，手执锋利的武器，拿着张满的弓弩。文帝的先驱队伍到了，想直接进去，营门口的卫兵不让。先驱说："天子马上就要到了！"把守营门的军门都尉说："将军有令：'军队里只听将军的号令，不听其他指令.'"

过了一会儿,文帝也到了,仍然不能进入军营。于是文帝便派使者持符节诏告将军:"我想进入军营慰劳军队。"周亚夫这才传达命令说:"打开军营大门!"守卫军营大门的军官对文帝一行驾车骑马的人说:"将军有规定:在军营内不许策马奔驰。"于是文帝等人就拉着缰绳缓缓前行。

一进军营,周亚夫手执兵器对文帝拱手作揖说:"穿着盔甲的武士不能够下拜,请允许我以军礼参见陛下。"文帝被他感动,表情变得庄重,手扶车前的横木,称谢说:"皇帝敬劳将军!"完成仪式后才离去。

出了营门,群臣都表示惊讶。文帝说:"唉!这才是真正的将军!前面所经过的霸上和棘门的军队,就像儿戏一般,那些将军很容易用偷袭的办法将他们俘虏;至于周亚夫,谁能够冒犯他呢?"说罢,文帝仍然不停地称赞周亚夫,并传令重赏。

曹操割发代首

曹操是三国时期伟大的政治家和军事家,他的许多故事为后人所熟悉,其中有一则割发代首的故事,今天读来仍然很有意义。

东汉末年,军阀混战,弄得民不聊生,怨声载道。曹操非常清楚赢得民心的重要性,因此对军队的纪律非常重视,三令五申地要求军队必须遵章守纪。针对有些士兵行军作战时不注意保护群众利益的现象,曹操特意制定了严格而具体的法令，比如战马踏坏了群众的庄稼即处以斩首。这些纪律一经颁布，深受群众欢迎。

有一次，曹操自己的战马因突然受到惊吓，窜入田中踏坏了几棵青苗。监察官员一看是最高统帅的马踏坏了庄稼，又情有可原，当然不好定罪。但曹操却不肯原谅自己，一面抽打战马，一面抽出战刀就要自裁，这时他身边的侍卫赶紧拦住，众僚属也赶紧进言相劝，说丞相您是国家的顶梁柱，为了国家的利益您也不能自杀，马踏青苗是因马受惊，情有可原，就是按纪律制裁也应该宽大处理，等等。而曹操却一本正经地说，纪律刚刚颁布，如果因我而不执行，今后别人也就没有办法执行了，还是要坚持自杀。

众僚属就建议说，是不是可以变通处理呢？比如"割发代首"。于是曹操顺坡下驴，同意作变通处理，自己用战刀割下一把头发，以示警戒。

这个故事今天读起来也许觉得可笑，认为割把头发还弄得那么严肃。其实当时割头发也是一种很重的惩罚。古人奉行孝道，强调身体发肤由父母所赐，本人是不能轻易毁伤的，否则就是不孝。因此，曹操这一"割发代首"之举，起到了震慑全军、令行禁止的效果。我们暂且不管曹操这出戏是真是假，对于最高统帅的他能做到这一点，这种遵纪守法的精神就足以值得学习。

王羲之教子

王羲之是东晋著名的书法家，他的书法艺术造诣很高，被公称为"书圣"。作为一代书法大师，王羲之在教育上深知"玉不琢，不成器"的道理。王羲之对自己和七个儿子要求都很严格，规定他们在吃饭、穿衣上都要艰苦朴素，不能铺张浪费。小儿子王献之七八岁时便开始学习书法。有一天，他将自己写的字拿给父亲看。王羲之看一张摇一下头，直到看到一个"大"字才有了点笑意，提笔在"大"字下面点了一点儿，然后把字都还给了王献之。王献之拿着自己的字给母亲看，问母亲自己的字和父亲的字有什么不同。母亲拿着他的字看了半天，然后指着那个"大"字底下的一点儿对王献之说："只有这一点儿像你父亲的字！"即使有客人在，王羲之也总是让儿子王献之陪在身旁，从不约束孩子。父母热情好客的行为感染了王献之，并对王献之性格、品德的培养起了重要的作用。王羲之鼓励王献之勤学苦练，传说王献之练笔曾用尽十八缸水。功夫不负有心人，他的书法水平提高很快，终于成为一代大家。王献之的字和王羲之的字并列，被人们称为"二王"。

参考文献

[1]程郁缀.朱子家训·增广贤文[M].北京:二十一世纪出版社,2006.

[2]颜之推.颜氏家训·朱子家训[M].程燕青,译注.太原:山西古籍出版社,2004.

[3]湘子.增广贤文·弟子规·朱子家训[M].长沙:岳麓书社,2011.

[4]金源.朱子家训·颜氏家训·孔子家语最新经典珍藏[M].西安:三秦出版社,2012.

[5]秦泉.中华家训经典大全集[M].北京:外文出版社,2012.

后　记

中华民族素以重视"家教"著称于世，有道是家和万事兴。中国古代进行"家教"的各种文字记录很多，如周公的《诫伯禽》、管仲的《弟子职》、诸葛亮的《诫子书》，还有颇负盛名的北齐颜之推的《颜氏家训》，清曾国藩的《曾国藩家书》等。可以说这些都是前人留给我们的一大笔珍贵遗产，研究、筛选、吸收、利用这些家训，对于提高国民的文化素质、道德修养，促进社会和谐具有不可低估的积极作用。在这些家训类作品中，流传最广的是《朱子家训》。《朱子家训》丰富了我国古代家庭教育的内容，对后世产生了很大的影响，被誉为"家教典范"。《朱子家训》将中国几千年形成的道德教育思想以名言警句的形式表达出来，被后人尊为"治家之经"。

《朱子家训》精辟地阐明了修身治家之道，是朱柏庐一生做人治家、教育后代的经验总结，是其一生心血的结晶，也是元、明、清三代及近代家庭教育的好教材。

痴心父母古来多，天下没有不疼爱子女的父母，但问题在于如何去爱？是把道德修养、人格风范留给子孙，把清白留给子孙，还是仅仅把钱财留给子孙，甚至是把恶行留给后人，值得每一个为人母为人父的三思。

中国古代教育家历来都把经、史、子、集作为儿童的启蒙教材。使他们通过对经典名句的背诵，于潜移默化中规范自己的思想与言行。几千年的启蒙教育确实验证了这些，经典作品中那深厚的文化底蕴无不给儿童以极好的熏陶。除此之外，经典作品中那多样性的文学体裁，更能使儿童在文学方面得到培养，并开拓他们的视野。尤其是明、清以来，随着一批优秀的启蒙读物的出现，更使读经诵典接近平民化、口语化，在朗朗上口的诵读中，中华民族的人文历史和个人应遵守的礼仪规范及做人原则，均通过浅显的文字显现出来。但随着时代的变迁，东西方文化的不断交融，优秀的中华传统文化渐渐被人们淡漠了，我们不希望看到我们的民族出现数典忘祖的情景。因为，一个民族的传统文化，往往代表着这个民族的文化内涵和民族精神。如果丢掉了它们，就等于丧失了灵魂。

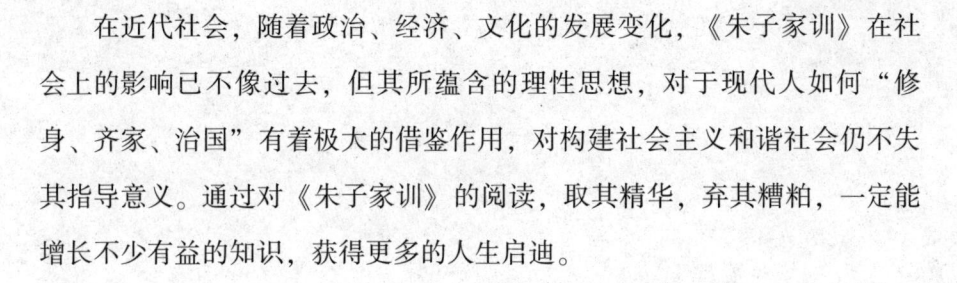

在近代社会，随着政治、经济、文化的发展变化，《朱子家训》在社会上的影响已不像过去，但其所蕴含的理性思想，对于现代人如何"修身、齐家、治国"有着极大的借鉴作用，对构建社会主义和谐社会仍不失其指导意义。通过对《朱子家训》的阅读，取其精华，弃其糟粕，一定能增长不少有益的知识，获得更多的人生启迪。